Das SOS-Buch

für junge Camper, Tramper und Abenteurer

von
Anthony Greenbank

Deutsch von
Isabella Nadolny

 DELPHIN VERLAG

Die englische Originalausgabe dieses Buches ist 1975
unter dem Titel SURVIVAL FOR YOUNG PEOPLE bei
George G. Harrap & Co. Ltd., 182–184 High Holborn,
London WC1V7AX, erschienen.

© 1975 Anthony Greenbank.
Erschienen im Delphin Verlag, Stuttgart und Zürich,
1976.
Alle deutschen Rechte vorbehalten.
ISBN 3-7735-4984-9

Inhalt

Dr. Hans-Otto Meissner

Survival – die Kunst zu überleben

Wer diese Kunst wirklich versteht, kann wahre Wunder vollbringen: Wasser aus dem Wüstenboden, wandern ohne Karte und Kompaß, Nahrung aus Steppe, Wald und Wiese. Das alles bringt er fertig, und es macht ihm nicht mal besondere Mühe. Er bereitet sich ein molliges Nachtlager bei klirrender Kälte im tiefen Schnee und schafft sich ein regendichtes Dach in knapp dreißig Minuten. Andere sehen es mit Staunen. Aber ohne Kenntnis von Survival begreifen sie nichts und halten's vielleicht für eine Art Hexerei.

Als ich – mit Lust und Liebe fürs Thema – in zwölf Bänden die »Abenteuer der Weltentdeckung« schrieb, galt meine Bewunderung den Survival-Künsten Alexander Mackenzies. Als erster weißer Mann hat dieser energiegeladene Schotte 1793 die ganze Breite des nordamerikanischen Kontinents durchquert. Tausend Meilen vor ihm eisbedeckte Hochgebirge, reißende Ströme, unbekannte Wildnis und Indianerstämme, von denen man damals noch gar nichts wußte.

Vom letzten Außenposten der Zivilisation am Fork River bis nach Bella Coola am Pazifischen Ozean und wieder zurück, eine Entfernung von ungefähr 3000 Kilometer Luftlinie (in der weglosen Wildnis aber viel mehr), das schaffte Mackenzie in der unglaublich kurzen Zeit von 170 Tagen!

Nur mit Survival war das möglich. Er und seine Leute lebten von dem, was das Land ihnen bot, und schleppten nur wenig Gepäck. Sie kämpften nicht gegen die gewaltige Natur, was mit Sicherheit ihren Untergang bedeutet hätte, sondern waren in-

5

time Freunde der Natur und machten sich deren Gaben und Kräfte nutzbar.

Das allein ist es auch, was seit unzähligen Jahrtausenden den Naturmenschen – auch unseren eigenen Vorfahren – ermöglicht hat, in Urwäldern, auf einsamen Inseln, bei Tropenglut und eisiger Kälte, in Höhlen und Schluchten, im ständigen Kampf gegen gefährliche Raubtiere zu überleben. Die eingehende Kenntnis der Natur und die Anpassung an die Verhältnisse des sie umgebenden Landes hat die Menschheit am Leben erhalten.

Survival ist dem Sinne nach dasselbe, nämlich das Verwenden der von Natur aus gebotenen Möglichkeiten. Dabei haben wir heutzutage insofern besonderes Glück, als uns die gesammelten Erfahrungen aller möglichen Menschen, Völker und Survival-Kenner zur Verfügung stehen.

Für jeden von uns kann heute noch gelten, was Mackenzie vom Gepäck gesagt hat: »Packe deine Sachen in drei verschiedene Säcke. Stopfe in den ersten, was du *dringend brauchst*, in den zweiten die *unbedingt notwendigen* Sachen und in den dritten, den kleinsten Sack nur das, worauf du keinesfalls verzichten kannst. Davon nimmst du die Hälfte mit, es wird noch mehr sein, als du *wirklich brauchst*!«

Was nach heutigen, modernen Erfahrungen zu diesem Rest gehören soll, findet Platz im Survival-Kit, und Anthony Greenbank hat das in diesem Buch erklärt. Gewiß sind es nur wenige junge Leute, die vorhaben, die Rocky Mountains zu übersteigen, die Wüste Gobi zu durchqueren oder den nächsten Winter in Baffinland zu verbringen. Darum geht's auch nicht, wenn man sich allmählich mit dem Survival vertraut machen will.

Manche gute Gegend dafür liegt viel näher, findet sich schon eine knappe Stunde von der eigenen Stadt entfernt. Jeder Wald oder sonst eine unbebaute Gegend bietet passendes Übungsgelände.

Survival – im engsten Sinn die Kunst des Überlebens bei Gefahr und in Notfällen – gilt aber auch für die gewöhnliche Umgebung: für den Badesee, den Straßenverkehr, für alle möglichen Tücken im Haus und im Umgang mit aggressiven Menschen. Wer Survival gut versteht, kann gegebenenfalls auch

Mitmenschen aus drohender Gefahr befreien.

Im Wilden Kaiser-Gebirge, wo sich mein Jagdrevier ausbreitet, sterben alljährlich bis zwei Dutzend Menschen, nur weil sie von Survival keine Ahnung haben. Sie wandern oder klettern weiter, wenn Nebel aufkommt. Sie steuern bei anbrechender Nacht einem fernen Licht entgegen, statt aufs Mondlicht oder Morgengrauen zu warten. Erst nach Tagen kann die Bergwacht ihre zerschmetterten Körper finden.

Niemand, der Survival kennt, kann sich verirren ... kann erfrieren ... kann verhungern oder infolge von Leichtsinn abstürzen. Schon deshalb nicht, weil er in den meisten Fällen vermeidet, in eine solche Gefahr zu geraten. Vor allem kann ihm das Schlimmste nicht passieren, die eigentliche Ursache vieler, sogar der meisten tödlichen Unfälle: die Panik, das Durchgehen der Nerven und die dumpfe Verzweiflung. Wer Survival beherrscht, prüft die Lage, überlegt, was er tun könnte, und beginnt mit Versuchen. So einer kommt durch, erkennt den Ausweg, macht sich bemerkbar und wird gefunden!

Ich habe, nach Erlebnissen, Erfahrungen und Erkundigungen in allen fünf Erdteilen, dazu noch in der Arktis und Antarktis, selbst ein umfangreiches Survival-Buch geschrieben. – Es stimmt! Da ist in Alaska ein verirrter Mann nach 62 Tagen wieder aufgetaucht. Ein abgestürzter Pilot mit gebrochenem Bein hat es in selbstgebauter Unterkunft den ganzen Winter über ausgehalten. Ein junger Deutscher, den ich gekannt habe, ist während des Ersten Weltkrieges – um der Internierung zu entgehen – aus Sibirien bis an den Persischen Golf gewandert. Ich selbst habe ohne Schwierigkeit die Eismeer-Insel Spitzbergen durchquert und als erster Weißer die Sunda-Insel Komodo. Manche, aus langen Erfahrungen gewonnene Regeln sind ganz einfach auszudrücken und auch leicht zu behalten. So sagen wir Gamsjäger im Hochgebirge: »Für Abkürzungen haben wir keine Zeit!« oder auch »Ein schneller Bergsteiger ist keiner«, und vor allem »Es gibt kein schlechtes Wetter, nur falsche Kleidung!«

Eines ist sicher, wer Survival beherrscht, hat mehr vom Leben und verliert's nicht so leicht!

1. Etwas über dieses Buch

Es behandelt das sogenannte *Survival* (gesprochen *Sörweiwel*). Dieses englische Wort, das zu deutsch *überleben* heißt, wird international in Zusammenhang mit jenen Techniken und Fähigkeiten verwendet, die das Überleben bei Gefahren und Katastrophen in freier Natur und im Alltagsleben ermöglichen und sichern können. Das sind oft ganz einfache Maßnahmen und Verhaltensregeln, die wirklich jeder kennen und beherrschen sollte, denn niemand kann schließlich wissen, ob er von Notsituationen und Lebensgefahr immer verschont bleibt. Durchgehend durch das ganze Buch wird also von Survival und Survival-Training die Rede sein, und wir wissen jetzt, was damit gemeint ist. Dieses Buch kann seinen Lesern *nicht* beibringen, wie sie fabelhafte Bergsteiger, überragende Schwimmer oder außergewöhnliche Leichtathleten werden. Zwar sind Sportlichkeit und eine gute Kondition für das Survival ein großer Vorteil, aber das A und O sind sie nicht. Ein erstklassiger Sportler kann in lebensbedrohlicher Situation, in der seine Sportart ihm nichts nützt, genauso versagen wie jeder andere; es besteht sogar die zusätzliche Gefahr, daß er unbesonnen handelt und zu viel riskiert, weil er seine Kondition und seine Möglichkeiten überschätzt.

Niemand sollte sich auch letztlich auf eine gute Ausrüstung oder darauf verlassen, daß ihm schon »irgend etwas« einfallen wird, wenn es mal hart auf hart geht. Verlassen kann man sich nur auf das, was man weiß und gelernt hat. Und genau dazu ist dieses Buch da. Es beschreibt und zeigt ausführlich, wie man Gefahren begegnet und auf vernünftige, überlegte Weise mit ihnen fertig wird.

Die meisten kritischen Lagen, in denen es um Survival oder Überleben geht, entstehen draußen, in freier Natur. Auf die müssen wir uns daher konzentrieren. Doch auch zu Hause können Katastrophen eintreten, und in Kapitel 2 wird eine Reihe solcher Fälle behandelt. Allen Notsituationen ist eins gemeinsam: man kann durch überlegte Vorbereitung vermeiden, daß man »durchdreht« und vor Angst und Entsetzen unsinnig handelt. Gerade dadurch, daß man bei Lebensgefahr in Panik gerät und genau das Falsche tut, entstehen nämlich die meisten Katastrophen. In diesem Buch finden sich nun, bis ins kleinste gehend, alle Übungen des Survival-Trainings, die genügend Selbstvertrauen geben, um echten Notlagen mit klarem Kopf begegnen zu können. Wer dieses Training gemacht hat, kann sich aus vielen schwierigen, ja aussichtslos erscheinenden Lagen selbst befreien.

Für viele Trainingsaufgaben, die man übrigens nicht wieder verlernt, wenn man sie einmal kann, braucht es Mut, Energie und Ausdauer. Man darf niemals mogeln oder es sich ein bißchen leichter machen wollen, weil ja »nur« geübt wird. Beim Survival-Training ist entscheidend, daß man sich voll und ganz auf die Lösung des jeweiligen Problems konzentriert, *als hinge das Leben wirklich davon ab*. Eines Tages kann nämlich genau dieser Fall eintreten, und das bißchen Bequemlichkeit, das man sich vorher beim Training gegönnt hat, wird nun lebensgefährlich.

Mit der Bequemlichkeit ist es ja überhaupt so eine Sache! Die meisten von uns sind doch ziemlich verwöhnt und glauben, wenn sie einmal einen Tag lang nichts essen, würde ihre Gesundheit ernsten Schaden nehmen. Ein bißchen Sonnenbrand, eine Blase an den Füßen, kaltes Wasser, ein Nachtlager zu ebener Erde, das alles ist – zugegeben – nicht sehr gemütlich; aber jemand, der jung und gesund ist, kann das gelegentlich aushalten. Im Gegenteil, es macht sogar Spaß, die eigenen Grenzen zu erforschen und einmal festzustellen, worauf man auch verzichten könnte, wenn man wollte oder müßte, und daß man eigentlich viel zäher ist, als angenommen. Außerdem ist es auch eine ganz gute Selbstbestätigung, hin und wieder freiwillig auf einige Annehmlichkeiten zu verzichten und zum Beispiel nicht den Lift zu nehmen, sondern die fünf Treppen zu Fuß hinaufzugehen.

Höchstwahrscheinlich (oder hoffentlich!) wird es nie darauf ankommen, längere Zeit am Boden zu schlafen oder auf Lifts und Autos zu verzichten, und es ist noch weniger wahrscheinlich, daß wir so fürchterlichen Hunger und Durst haben werden, daß wir Gras essen oder eine Sonnendestille für ein wenig Trinkwasser anlegen müssen; im Zeitalter von Fernsehen, Telefon und fließend heißem Wasser scheint das sogar eher etwas lächerlich.

Dieses Buch aber richtet sich an alle diejenigen, die von diesen Zivilisationshilfen gerne unabhängiger sein möchten, die noch Mut und Lust zu wirklichen Abenteuern haben, die Reisen ohne Vollpension und Erstklasshotel unternehmen und bei ihren Streifzügen durch die Natur gelegentlich vom vorgeschriebenen »Spazierweg« abweichen. Es will den Blick seiner Leser auf den Wert einfacher Dinge lenken und ihnen helfen, sich in der Welt zurechtzufinden. Daneben bietet es eine Fülle brauchbarer praktischer Ratschläge für den Alltag.

Sämtliche Anleitungen sind klar und leichtverständlich abgefaßt. Trotzdem sollte man nicht – nur mit diesem Buch in der Hand – sofort ein Survival-Training beginnen. Ein Freund oder eine Freundin, die mitmachen, und der Rat und die Hilfe von erfahrenen Naturfreunden sind außerordentlich wichtig.

Bitte, seid bei allen Übungen und Experimenten vorsichtig!

2. Unterwegs zum großen Abenteuer

Ehe du die Gebirge, Wälder, Meere, Stromschnellen, oder was dich sonst in die goldene Ferne locken mag, überhaupt erreichst, mußt du hinkommen, genau wie jede Expedition, sei sie nun nach Patagonien oder Alaska unterwegs. Wahrscheinlich reist du nicht mit dem Schiff oder dem Flugzeug, sondern mit Bus, Eisenbahn, dem Auto oder dem Motorrad. Gerade in diesem Anfangsstadium der Reise kann hunderterlei schiefgehen. Längst ehe du die rauhen und abenteuerlichen Gegenden erreichst, kann der Wagen, in dem du unterwegs bist, auf überfluteter Straße steckenbleiben. Dein Geld wird gestohlen, oder du gerätst durch sonstige böse Zufälle in Situationen, wo es zwar nicht »um Tod oder Leben« geht, die deinen Ausflug oder deine Ferienreise aber gründlich verderben oder gar vorzeitig beenden können.

Sich auf Unvorhergesehenes einzustellen, will gelernt sein, und du brauchst eine Menge Geistesgegenwart und mußt wirklich auf Draht sein, um in einer kritischen Lage das Richtige zu tun.

Dieses Kapitel ist darum in zwei Abschnitte unterteilt. Der erste Abschnitt beschäftigt sich mit den Erfordernissen der Fahrt oder Reise, handelt also von den Dingen, die unterwegs passieren können. Im zweiten Abschnitt wird dann das *Survival durch Anpassung* beschrieben, und wie man mit Unfällen fertig wird, die einem zustoßen, wenn man die Wildnis und die fernen Reiseziele schon erreicht hat.

Die nachstehend aufgezählten Übungen können immer nützen, ganz egal, wohin man reist.

Schon unterwegs kann allerhand passieren

Man sollte meinen, daß man in einem Bus, im Zug oder im Auto aufgehoben ist wie in Abrahams Schoß. Mach die folgenden Experimente, und du bekommst eine Vorstellung davon, was dir alles zustoßen kann.

Gerade junge Leute werden auf Reisen oft bestohlen. (Schließlich trägt jeder für die Ferien oder ein langes Wochenende mehr Geld als gewöhnlich bei sich, und damit rechnen die Diebe.) Der sicherste Ort für das »Betriebskapital« ist ein unter den Kleidern getragener Geldgürtel. Dort hinein gehört der Großteil der Barmittel. Im Portemonnaie oder lose in der Tasche ist nur so viel Geld, wie für kleinere Ausgaben, zum Beispiel Mahlzeiten, Getränke oder Fahrkarten, im Laufe eines Tages benötigt wird. Wer keinen Geldgürtel hat, verteilt sein Geld in den Taschen, die für die Scheine und Münzen die größte Sicherheit bieten. Welche Taschen das sind, läßt sich mit folgendem Experiment leicht feststellen:

Gib einem Freund deine Brieftasche. Bitte ihn, sie in eine Tasche seiner Jeans zu stecken. Sag ihm gleich, daß du sie ihm innerhalb der nächsten Stunden wegnehmen willst. Du wirst feststellen, daß du sie am leichtesten aus der Hüft- oder Gesäßtasche herauskriegst, daß es aber beispielsweise nahezu unmöglich ist, sie aus der Vordertasche zu holen.

Wiederhole den Versuch, wenn dein Freund eine Jacke trägt und die Brieftasche in einer der Außentaschen steckt. Ist es eine Seitentasche, kannst du die Brieftasche fast immer, vom Träger unbemerkt, herausziehen. Steckt sie hingegen in der inneren Brusttasche, so ist das schon weit schwieriger.

Die zweite sichere Stelle sind die Socken. Lege die Geldscheine unter deine Fußsohle. Du spürst dann auf Schritt und Tritt, daß das Geld noch vorhanden ist.

Sicherheitsregeln fürs Trampen und Autostoppen

Hierfür gibt es eine äußerst einfache Regel, sie lautet: TUE ES NICHT! Abgesehen davon, daß die Polizei es nirgendwo gerne sieht, passieren im Zusammenhang mit dem Trampen immer wieder Raubüberfälle und andere Verbrechen, und diese billige Art des Reisens kann außerordentlich teuer werden. Es gibt jedoch Situationen, wo sich ein Autostop nicht vermeiden läßt, zum Beispiel bei einer Panne oder einem Unfall, wenn rasch Hilfe geholt werden muß. Für diesen Fall ein paar Vorsichtsmaßregeln: Wenn jemand hält und du in den Wagen steigst, klemm beim Türzuschlagen einen Jackenärmel oder Jackenzipfel ein. Sag dann: »Entschuldigung, meine Jacke hat sich in der Tür verklemmt. Wie macht man sie auf?« Dann laß dir zeigen, wie die Tür geöffnet wird und zieh den Stoff heraus. Bekanntlich sind die Türschlösser von Wagen zu Wagen sehr verschieden. Einige Türen haben Griffe, andere Knöpfe. Manche Mechanismen öffnen sich durch Ziehen, andere durch Drücken. Manchmal sind auch die automatischen Schließvorrichtungen eingerastet, so daß die Tür sich nur von außen oder erst dann öffnen läßt, wenn irgendein anderer Hebel oder Knopf gleichzeitig gedrückt wird. Achte also von nun an bei allen Wagen, in die du einsteigst, auf die verschiedenen Türmechanismen. Stell außerdem fest, ob du den Türgriff von der Fensterkurbel unterscheiden kannst.

Du solltest immer in der Lage sein, ein fremdes Auto so schnell wie möglich verlassen zu können. Etwa, wenn du merkst, daß du mit einem wüsten Schnellfahrer unterwegs bist. Sage dann, daß dir schlecht ist und du dich jeden Moment übergeben mußt. (Diese Drohung wirkt übrigens auch in vielen anderen Fällen ausgezeichnet!) Sobald er hält, öffne die Tür und mach, daß du so schnell wie möglich hinauskommst. Steig nicht wieder ein! Sage, du gingst lieber zu Fuß, weil du frische Luft brauchst. Wenn du den Eindruck hast, du könntest vielleicht angegriffen werden, warte, bis der Fahrer langsamer werden oder gar halten muß (zum Beispiel an einer Ampel). Dann hast du eine gute Chance, die Tür zu öffnen und hinauszuspringen.

Muskelkraft, wo sie hingehört
Wenn du dich einem zum äußersten entschlossenen Angreifer gegenübersiehst, der dir körperlich auch noch überlegen ist, hast du wenig Chancen. Womöglich kann er sogar Judo, Karate, Kung Fu und beherrscht sämtliche Ringergriffe. So unwahr-

scheinlich es auch ist, daß du jemandem begegnest, der dir ernsthaft etwas tun will, sei auch auf diesen Fall vorbereitet und denke immer daran: Die beste Verteidigung ist, der Umklammerung zu entkommen und wegzulaufen. *Auch wenn du meinst, es nütze nichts, schrei immer laut um Hilfe!*

Probiere folgende Tricks aus, um dich zu befreien. Sie tun weh und können einem anderen Schaden zufügen, also aufpassen beim Üben! Aber du wirst sofort merken, wie wirksam diese äußerst einfachen Methoden sind. Hast du sie oft genug geübt, wendest du sie ganz automatisch an.

Vermeide jeden Kampf! Fang nicht an, dich wie ein Wilder zu wehren, wenn du gepackt wirst. Laß dich lieber schlaff fallen, statt Widerstand zu leisten. Das wiegt deinen Angreifer in Sicherheit und macht ihn vielleicht unachtsam. Und du gewinnst Zeit, dir zu überlegen, was du als nächstes tun könntest. Das wiederum hängt dann von der Art des Griffes ab, mit dem er dich gepackt hält.

Der schwächste Punkt des Gegners: die Daumen

Hält jemand dich an den Handgelenken fest, so sind seine Daumen der schwächste Punkt der Umklammerung. Du kannst sie öffnen wie eine Tür und bekommst die Arme frei. Das geht so: Wenn dein Übungspartner deine Handgelenke ungefähr in Höhe deines Magens umklammert hält, laß deine Hände noch etwas tiefer sinken und reiße sie dann nach oben auseinander, und zwar schnell. Wenn er jedoch deine Gelenke so festhält, daß sie sich vor deinem Gesicht befinden, tu das Gegenteil. Reiße sie ruckartig noch höher hinauf und schwenke sie ab- und auswärts, so energisch du kannst. Wenn du eine dieser Bewegungen rasch und kräftig ausführst, wird es dir gelingen, auch den stärksten Griff zu brechen.

Die gleiche Taktik läßt sich anwenden, wenn der Angreifer mit beiden Fäusten nur eines deiner Handgelenke umfaßt hält. Führe die andere Hand zwischen die Arme des Gegners, schließe sie über deiner Faust, eben der, die er festhält. Und nun reiße ruckartig beide Arme nach auf- oder abwärts, je nachdem, wo der Angreifer dein Handgelenk hält, und du wirst auch diesen zweihändigen Griff sprengen.

Die Daumen, der schwächste Punkt
der Umklammerung

Zieh am kleinen Finger!

Diese Methode mußt du mit einem Kameraden üben. Er soll
dich so mit beiden Händen festhalten, daß du die Arme nicht
nach oben schwingen kannst, weil dazu kein Platz ist. Wenn du
einen seiner kleinen Finger packst und nach hinten umbiegst,
wird er dich loslassen, denn das sprengt den Griff, mit dem er
dich festhält. (Nochmals: Bitte Vorsicht! Wenn du diese Übung
zu energisch machst, kannst du ihm den Finger brechen oder
ausrenken.)

Tritt nach hinten – und zwar schnell!

Packt dich jemand von hinten, ganz gleich mit welchem Griff,
ob um Augen, Hals, Brust oder Taille, tu einen raschen Schritt

nach rückwärts und tritt ihm mit dem Absatz auf den Spann des Fußes, der wird sich nämlich direkt hinter dir befinden. Triffst du nicht gleich beim erstenmal, hole aus und versuche es noch einmal. Wiederhole den Tritt so lange, bis du den Spann erwischst. Eine weitere Möglichkeit ist die, dem Angreifer mit dem Absatz kräftig vor das Schienbein zu treten.

Tritt nach unten!
Du kannst den Angriff eines Stärkeren, wenn er von vorne kommt, dadurch abwehren, daß du ihm blitzschnell den Rücken kehrst und kräftig nach hinten und unten ausschlägst wie ein Pony oder ein Pferd – nämlich gegen das Schienbein. Laß anschließend deinen Schuh an seinem Schienbein hinunterrutschen und tritt ihm hart auf den Spann. Sei nicht zu energisch beim Üben, aber präge dir die notwendigen Bewegungen für den Ernstfall ein.

Tritt niemals nach oben und vorne – wie etwa beim Rugbyspielen –, denn dann ist es für den Angreifer sehr leicht, dich am Fuß zu packen und zu Boden zu stürzen. Der Versuch, mit dem Knie zu stoßen, ist genauso gefährlich, weil der Gegner dich daran packen, dir das Knie verdrehen und dich um die eigene Achse wirbeln kann. Ehe du dich versiehst, liegst du auf der Erde.

Auch für den Fall, daß dir jemand an die Gurgel gehen will, gibt es ein sehr einfaches Mittel. Strecke beide Arme nach vorn, winkle die Ellbogen nach oben an und kreuze jetzt die Arme vor Kinn und Hals, so daß die Ellbogen erhoben sind und sich in die Achselhöhle des Angreifers drücken.

Schütze dich!
Wenn jemand mit einer Flasche, einem Knüppel, einem Stock oder einem Messer auf dich losgeht – *lauf davon!* Halte dich so weit wie möglich von ihm weg. Spring über jede erreichbare Hecke oder Mauer, über jeden beliebigen Tisch, Stuhl, Zaun, um Abstand zu gewinnen. Polstere einen deiner Unterarme mit einem Mantel, Anorak oder Pullover, um damit Schläge abzufangen, falls der andere dich in die Ecke treibt. Manchmal kann man schnell noch etwas ergreifen, um es als Schild zu benutzen:

ein Tischchen, einen dicken Ast oder sonst etwas, das die Schläge abfängt. Mach nie die Riesendummheit, dem Angreifer mit bloßen Händen die Waffe entwinden zu wollen! So was funktioniert nur im Kino.

Survival-Training mit dem Fahrrad

Ein Fahrrad läßt sich sehr gut dazu benutzen, schwierige Situationen zu simulieren, in die man mit einem Auto kommen kann. Etwa wenn der Wagen auf eine überflutete Straße, nach einem Bergrutsch in dicken Schlamm oder auf Schnee und Eis gerät. Herauszufinden, wie man die Räder zum Weiterrollen bringt unter Bedingungen, die ernstlich behindern oder völlig fahruntähig machen können, ist nie umsonst. Auch wenn du selbst noch keinen Führerschein hast, kann deine Erfahrung und dein Rat für einen anderen – und wenn du Mitfahrer bist, auch für dich selbst – von entscheidender Bedeutung sein.

Probier es erst einmal in einem seichten Flußlauf, Teich oder See. Nimm den Fall an, daß ein Wolkenbruch die Fahrbahn überschwemmt hat. Fahr mit dem Rad durch die allerseichteste Stelle, ohne dir nasse Füße zu holen. Sind deine Schuhe nach dem Versuch naß, so lerne daraus, daß ein Autofahrer, der zu schnell in zu tiefes Wasser fährt, Wasser in den Verteiler und auch in den Auspuff bekommt – wie du in die Schuhe. (Der Wagen wird in beiden Fällen steckenbleiben!)

Als erstes mußt du dich also vergewissern, ob das Wasser nicht zu tief ist. Wate hinein, sieh dir an, welchen Weg du nehmen kannst, damit dir das Wasser nicht bis über die Fahrradkette steigt. Steck dir den Weg durch Stöcke oder Zweige ab, die du als Markierungen in den Boden bohrst. Dann fahr auf der abgesteckten Route langsam durch. Wenn du im Auto fahren würdest, so müßtest du jetzt die Kupplung schleifen lassen, um das Tempo zu drosseln und trotzdem genügend Fahrt zu behalten, damit kein Wasser in den Auspuff eindringt oder über den Verteiler hinaufplanscht – was mit Sicherheit passiert, wenn man wie ein Wilder ins Wasser hineinbraust.

Schalte dein Fahrrad auf den niedrigsten Gang. Stell dich auf die Pedale und tritt sie ganz leicht vorwärts (in Vierteldrehungen oder noch weniger), um langsam genug voranzukommen.

Der Fuß drückt das Pedal nur etwa 20 cm hinunter, dann kannst du es mit dem Rücktritt wieder etwas heben, ehe du erneut trittst – genauso als wolltest du eine Konkurrenz im Langsamfahren gewinnen.

Benutze immer das gleiche Pedal, um dich durch das Wasser zu schieben. Tritt es nur dann ganz herum, wenn du das Gefühl hast, jetzt wärst du so langsam, daß das Rad jeden Moment umfällt. Das Wackeln kannst du dadurch ausbalancieren, daß du dein Körpergewicht auf beide Pedale verteilst wie ein Motorradtestfahrer und dann das Vorderrad in die Fallrichtung herumreißt. Wenn das Wackeln ausgeglichen ist, richte das Rad wieder geradeaus.

Wenn deine Füße nur ein bißchen feucht geworden sind, wäre dein Wagen vermutlich durchgekommen. Sind deine Füße jedoch naß bis zu den Knöcheln, wäre der Wagen, der deinen Weg genommen hätte, mit Sicherheit steckengeblieben.

Für die nächste Übung ist es wichtig, daß die Fahrradbremsen wieder trocken werden. Zieh sie eine Weile beim Fahren ganz leicht an.

Für die neue Übung begieße einen grasbewachsenen Abhang mit Wasser. Du wirst feststellen, daß die einzige Möglichkeit, mit dem Fahrrad gut darüber wegzukommen, die gleiche ist wie bei der ersten Übung. Tritt die Pedale nur ein Stückchen hinunter, laß los und tippe ganz leicht wieder an. Durch ständiges Wenden des Vorderrades und dadurch, daß du auf den Pedalen stehst, kannst du, während du dich in kleinen Rucken vorwärtsbewegst, das Gleichgewicht halten.

Bei Schlamm wähle den höchsten oder zweithöchsten Gang, den du hast. Wenn du da zu langsam fährst, drehen die Räder noch leichter durch, und du bleibst unweigerlich stecken.

Die gleichen Regeln gelten für ein Auto. Der Fahrer sollte im zweiten oder dritten Gang fahren, sorgfältig auf die Tourenzahl achten, um unnötiges Durchdrehen der Räder zu vermeiden, und er sollte sich bereithalten, beim kleinsten Zeichen einer Stockung sofort den Rückwärtsgang einzulegen. Wenn er festsitzt, muß der Wagen mit dem Wagenheber hochgeleiert werden, damit Steine, Laub, Säcke oder anderes Material unter die Reifen gelegt werden können und sie wieder greifen.

Fahre auf deinem Fahrrad mit unaufgepumpten Reifen durch den Schnee und anschließend mit aufgepumpten. Wann hast du mehr Bodenhaftung? Viele Leute glauben, es sei leichter, durch hohen Schnee zu fahren, wenn man die Luft aus den Reifen herausläßt. Falsch! Außerdem tut es den Reifen nicht gut. Pump deine Fahrradreifen auf wie gewöhnlich und versuche, auf schneebedeckten oder vereisten Wegen den Rekord im Langsamfahren zu brechen. Fahr sehr vorsichtig, aber nicht im niedrigsten Gang. Gib dem einen Pedal einen leichten, dem anderen einen energischen Stoß. Du wirst feststellen, daß es hilft, schwere Steine in die Satteltaschen zu packen – das gleiche gilt für Autos, wo jeder erreichbare Ballast über den Antriebsrädern liegen sollte. Sei sehr behutsam beim Bremsen. Bremse nur, wenn du geradeaus fährst; aber zieh die Bremsen nicht plötzlich an. Benutze die Bremshebel wie Pumpenschwengel, damit du nicht rutschst: immer nur ein bißchen und wieder ein bißchen. So fährt man auch einen Wagen über Schnee- und Eisglätte. Wenn er jedoch in einer tiefen Rinne steckenbleibt, auf keinen Fall Vollgas geben, um schnell freizukommen, wie man es im ersten Schreck leicht tut. Man legt den Rückwärtsgang ein, fährt dann wieder vorwärts und wieder zurück, bis der Wagen in ein sanftes Schaukeln kommt und langsam weitergefahren werden kann. Wenn das nichts nützt, kommt man nicht darum herum, die Räder auszuschaufeln. Anschließend werden die Rinnen mit Steinen, Fußmatten, oder was sonst zur Hand ist, aufgefüllt, und der Wagen läßt sich darüber wegfahren – aber nur, wenn die Räder mit dem Chassis eine gerade Linie bilden. Stehen sie in einem Winkel dazu, kann es nahezu unmöglich werden, den Wagen von der Stelle zu bringen.

Am Ziel – Notsituationen in Gebäuden

Nun bist du in der Blockhütte, der Jugendherberge, dem Chalet, dem Berghotel, oder wo immer du übernachten willst, angekommen. Das große Abenteuer in freier Natur kann anfangen. Ob das nun in einer sogenannten »Abenteuer-Schule« vor sich geht, in der du die nächsten Tage oder Wochen verbringst, oder ob du nur dort übernachtest, weil du noch viel weiter in die große Wildnis vordringen willst – jedes Gebäude birgt gewisse Gefahren. Sogar dein Elternhaus.

Die folgenden Übungen kannst du auch daheim ausprobieren, um für den Fall der Fälle gerüstet zu sein.

Feuer

In der Wildnis kann das Überleben davon abhängen, daß man versteht, ein Feuer zu entzünden. (Wir werden darauf später zurückkommen.) Häufiger ist jedoch das Gegenteil der Fall: nämlich die Notwendigkeit, Brände zu löschen.

Auch in deiner Unterkunft könnte Feuer ausbrechen. Rechne nicht damit, daß dort ein Feuermelder ist, dessen Scheibe du nur einschlagen mußt, um die Feuerwehr zu rufen. Wenn du bei einem Brand auf dich selbst angewiesen bist, solltest du wissen, was du zu tun hast.

Mach eine Reihe kleiner Reisigfeuer im Freien (nicht im Wald!) und wirf – *aus sicherer Entfernung* – ein wenig Paraffin hinein, damit sie hoch aufflammen. Und jetzt versuche, das Feuer so rasch wie möglich zu ersticken.

Angenommen, es brennt in einem Zimmer. Es qualmt also und reizt zum Husten. Die erste Reaktion ist dann meist, ein Fenster aufzureißen. Das Gegenteil ist aber richtig. Zuerst müssen sämtliche Türen und Fenster geschlossen werden, damit kein Luftzug das Feuer noch stärker anfachen kann.

Du kannst den Nutzen dieser Maßnahme an deinem Reisigfeuer ausprobieren. Lege Bretter, Planken, große Holzstücke und anderes Dämmaterial von allen Seiten unmittelbar um das Feuer. Die Flammen werden bald schwächer werden, obwohl es immer noch eine Weile dauert, bis sie ausgehen. Aber das Löschen ist nun viel leichter.

Mit Wasser geht es natürlich am schnellsten. Wenn du genügend Wasser hast, erlischt das Feuer sofort. Im Inneren eines Gebäudes gibt es jedoch zwei Fälle, in denen du kein Wasser benutzen darfst. Erstens dann, wenn der Wasserstrahl an freiliegende elektrische Drähte kommen könnte. In diesem Fall kann ein Stromschlag, vom Wasserstrahl geleitet, zurückfahren und dich töten. Zweitens, wenn eine Pfanne mit Öl oder Fett brennt. Schüttest du Wasser in die Flammen, verteilt sich der

Brand im ganzen Zimmer, weil das brennende Öl oder Fett oben auf dem Wasser schwimmt.

Halte dich an folgende Grundregeln: Benutze beim Löschen alles, was sich einigermaßen zum Wassertragen eignet: Eimer, Schutzhelme, Stiefel, Rucksäcke usw.

Wenn du Wasser aufs Feuer gießt, mußt du so nah wie möglich an die Flammen herantreten und dabei eine Art Schutzschild vor dich halten (ein nasses Kleidungsstück, ein Tischchen, einen Stuhl oder dergleichen). Nur so bist du in der Lage, das Wasser mitten in die Flammen zu gießen.

Organisiere eine Kette von Helfern, die das Wasser von der nächstgelegenen »Zapfstelle« heranreichen, ob das nun die Wasserleitung oder ein Bach ist.

Brennt es im Innern eines Gebäudes, denke immer daran, als erstes die elektrischen Sicherungen herauszudrehen und dadurch die Stromzufuhr auszuschalten. Bei einem elektrisch betriebenen Gerät, das Feuer gefangen hat, zum Beispiel einem Fernsehapparat, immer zuerst den Stecker herausziehen!

Suche dir auf einer alten Abfallhalde eine Bratpfanne, stell sie in die Mitte deines Reisigfeuers, das du im Freien angezündet hast, und tue Fett hinein. In einer Küche würden diese Flammen erschreckend wirken, obwohl sie – wie du bei diesem Versuch sehen wirst – leicht zu löschen sind. Wirf ein nasses Tuch oder einen Deckel über die Flammen in der Pfanne und drücke fest drauf, dann erstickst du sie.

Auch ein kleineres Feuer im Freien läßt sich so löschen. Mit einem nassen Tuch (sogar ein trockenes funktioniert in diesem Fall) lassen sich die Flammen ersticken. Versuche, den Stoff mit einem langen Ast niederzudrücken oder an den Rändern festzutreten. Damit bekommst du das Feuer sogar noch rascher aus. Bei einem größeren Brand ist Wasser immer das beste. Du kannst aber auch Sand, Kies oder Erde in die Flammen schaufeln und sie damit zum Ersticken bringen.

Wenn die Kleider Feuer fangen: Damit mach bitte keinerlei Experimente. Stell dir aber alles genauestens vor. Wenn die Kleider eines Kameraden Feuer gefangen haben, remple ihn sofort mit einem Schulterstoß um, rolle ihn in den nächsten Teppich, eine Decke, eine Matte, einen Vorhang oder Mantel.

Wenn nichts Ähnliches greifbar ist, wirf dich selbst auf ihn und ersticke so die Flammen. Hier kommt es auf Schnelligkeit an.

Wenn du selbst brennst, tue das gleiche. Wirf dich zu Boden und rolle dich hin und her. Wickle dabei möglichst etwas um dich herum. Wenn du nämlich stehen bleibst, ist die Gefahr zu groß, daß die Flammen nach oben lodern und dein Gesicht erreichen.

Ringsum ist Feuer!

Das folgende Experiment solltest du unbedingt machen, denn es ist außerordentlich wichtig. Nur zu oft haben sich Menschen aus ihrem Schlafsack nicht mehr befreien können und sind im Rauch erstickt, weil sie nicht wußten, wie sie schnell genug herauskommen konnten. Übe also »Schnellausstieg« aus Schlafsäcken mit und ohne Reißverschluß.

Krieche in deinen Schlafsack und wieder heraus, indem du ihn über- und wieder abstreifst wie einen Socken. Setz dich auf den Fußboden, zieh den Schlafsack über die Schenkel, bis sich die Zehen gegen seine untere Naht pressen. Nun lege dich auf den Rücken und zerre den Schlafsack mit einer einzigen Bewegung hinauf zur Brust.

Um schnell herauszukommen, mach das gleiche, nur umgekehrt. Setz dich auf, zieh den Schlafsack bis zur Taille hinunter, lehne dich zurück, hebe die Hüften an und streife den Schlafsack mit einem Ruck über die Beine hinunter.

Versuche, dir vorzustellen, du wachtest nachts auf und bemerktest Rauch. Weißt du, welches der beste Notausstieg ist, wenn das Haus brennt? Weißt du, was du tun mußt, wenn die Türklinke, nach der du greifst, dir bereits die Hand versengt? Teste einmal, ob du dich bei dir zu Hause auskennst. – Nimm einen Zettel und notiere – ohne vorher nachzuschauen – die verschiedenen Arten von Feuer- und Notausstiegen aus deinem Zimmer.

Es sollte mindestens einen zweiten Ausweg aus dem Korridor geben, vielleicht durch ein anderes Zimmer (falls die Treppe bereits brennt), weiter durch ein Fenster aufs Dach und von dort auf einen niedrigen Schuppen. In größeren Gebäuden wie Jugendherbergen und Hotels MUSS ein solcher Notausgang durch Pfeile und klare Anweisungen bezeichnet sein. Findest du nirgends ein solches Hinweisschild, frage danach.

Angenommen, du hast die beste Fluchtmöglichkeit bei Feuergefahr herausgefunden, kommst im Ernstfall aber nicht hin – was dann?

Mach folgende Übung:

Stell dir vor, du wachst mitten in der Nacht durch Brandgeruch auf. Du läufst an die Tür und willst hinaus, aber die Klinke ist zu heiß zum Anfassen. Die Flammen sind also schon vor deiner Zimmertür. Du bist eingeschlossen. Wenn du die Klinke mit einem Stück Stoff umwickelst und aufreißt, werden durch den Luftzug Rauch und Flammen zu dir ins Zimmer gesaugt. Unternimm *in Gedanken* der Reihe nach folgendes:

ÖFFNE DIE TÜR NICHT! Sie muß dann nämlich erst völlig niederbrennen, ehe die Flammen bis zu dir gelangen können.

Wenn ein bißchen Glück dabei ist, dauert das bis zu einer Stunde.

VERSUCHE, DURCH EIN PARTERREFENSTER ZU ENTKOMMEN!

Wenn es keinen anderen Ausweg mehr gibt und du sicher bist, daß du auch tatsächlich hinauskommst, wirf die Fensterscheibe mit einem Stuhl ein. (Denke aber vorher daran, daß Zugluft, die durchs Fenster eindringt, eine Gefahr bedeutet.)

WENN DU ZU HOCH ÜBER DEM ERDBODEN BIST und daher nicht springen kannst und im Zimmer auf Rettung warten mußt, verstopfe die Ritze unter der Tür mit einem Teppich oder Läufer, damit Rauch und Qualm nicht so schnell eindringen können.

BEI DICHTEM RAUCH HALTE DEN KOPF AM BODEN, weil dort am wenigsten Rauch ist. Wenn du aus dem Fenster um Hilfe gerufen und gewinkt hast, warte und versuche, nicht ängstlich zu sein. Ein nasses Taschentuch vor Mund und Nase verringert den Hustenreiz. Gefährliche Dämpfe werden dadurch jedoch nicht aufgehalten.

WENN KEINE HILFE VON AUSSEN ZU ERWARTEN IST UND DIE TÜR BEREITS BRENNT, bleibt dir eine letzte Fluchtmöglichkeit. Knote ein Seil aus zerrissenen Laken,

Decken oder Vorhängen zusammen. Verwende dabei Reff- oder Kreuzknoten. Binde das eine Ende deines Seils an das schwerste Möbelstück im Raum. Dann laß dich daran aus dem Fenster und klettere Hand über Hand hinunter. Das ist ziemlich riskant, und du solltest es daher erst dann tun, wenn dir wirklich kein anderer Ausweg mehr bleibt. Das Allergefährlichste, was du tun kannst, ist, aus einem hochgelegenen Fenster zu springen. Selbst bei einem Sprung aus verhältnismäßig geringer Höhe kannst du dir schon Arme und Beine oder sogar das Genick brechen. Aber wenn es überhaupt keine andere Möglichkeit gibt, wenn du also nicht einmal Material hast, um dir ein Rettungsseil zu knoten, ist dieser Sprung nicht zu vermeiden.

Rettungssprung bei Feuer

Wie eben gesagt, ist das die gefährlichste und risikoreichste Möglichkeit, sich aus einem brennenden Haus zu retten. Das folgende Experiment mag das Risiko zwar verkleinern, aber die Gefahr eines Sprunges aus größerer Höhe ist und bleibt beträchtlich. Übe den Rettungssprung von einem niedrigen Fenster oder Baum aus. Laß dich an beiden Händen vom Fensterbrett oder Ast herabhängen. Deine Füße sollten sich dabei etwa so hoch über dem Boden befinden, wie du selber groß bist. – Jetzt laß los und spring! Aber niemals mit durchgedrückten Knien, denn du mußt den Aufprall elastisch abfangen können. Wenn du gut gelandet bist, versuche das Ganze noch einmal – aber jetzt aus sitzender Ausgangsstellung. Diesmal wirst du weniger gern springen. Das hängt ganz einfach damit zusammen, daß du an den Händen hängend die tatsächliche Entfernung, die du springen mußt, um deine Körperlänge verringerst. Das ist viel! Es genügt, um aus einer schlechten Landung eine gute zu machen und sich nicht den Knöchel zu verstauchen, sondern nur hart aufzuprallen.

Wenn es schon keinen anderen Ausweg mehr gibt als das Fenster, dann wirst du einen Sprung nur dann einigermaßen heil überstehen, wenn du dich nicht stehend, sondern an den Händen hängend vom Fensterbrett in die Tiefe fallen läßt.

Übungssprung aus einem
niedriggelegenen Fenster

Gas und Strom

Wenn du Gas riechst, handele sofort. Reiße als erstes alle Fenster auf. Lauf durchs Haus und sieh nach, ob alle Gashähne zugedreht sind. Dann stell den Haupthahn ab und rufe das Gaswerk an. (Der Haupthahn ist meist in der Nähe des Gaszählers.) Suche das Leck in der Gasleitung NIEMALS mit einem offenen Licht.

In der Nähe der undichten Stelle im Gasrohr wird es am stärksten nach Gas riechen. Eine andere Methode, die undichte Stelle zu finden, ist die, Seifenwasser über die Rohre und Anschlußstellen zu streichen. Das entweichende Gas bildet dann Seifenblasen.

Eine notdürftige Reparatur läßt sich vornehmen, indem man Ölfarbe über die undichte Stelle streicht und einen Lappen darumbindet, solange die Farbe noch naß ist. Man kann zusätzlich um das Ganze noch Isolierband kleben. Wenn der Gasgeruch nach dieser »Reparatur« aufhört, darf im Notfall (aber nur dann!) das Gas benutzt werden. *Auf jeden Fall muß ein kaputtes Gasrohr dem Gaswerk sofort gemeldet werden!* Erdgas ist zwar im Unterschied zu Kohlengas ungiftig, aber es explodiert genauso!

Geht das Licht aus, und zwar gleich an mehreren Beleuchtungskörpern, kontrolliere die Sicherungen. Als erstes stelle den Strom am Sicherungskasten ab. Vergewissere dich, ob es mehrere Sicherungskästen gibt; es können zwei oder drei Schalter sein, die du abstellen mußt. Knipse probeweise in verschiedenen Zimmern Licht und Elektrogeräte an – manchmal bildet man sich nur ein, man hätte den Strom abgeschaltet. Jetzt kannst du den Sicherungskasten öffnen. Nimm jede Sicherung einzeln heraus und schau nach, ob das kleine farbige Metallplättchen am Ende der Sicherung noch an seinem Platz ist. Ist es abgesprungen, schraube eine neue Sicherung ein. (Für einen solchen Fall sollte immer ein kleiner Notvorrat von Sicherungen auf oder im Sicherungskasten verwahrt werden!) Bastele niemals mit Drähten innerhalb des Sicherungskastens herum. Dadurch setzt du dich – und möglicherweise auch andere Menschen – großer Gefahr aus. In Zweifelsfällen muß immer ein Elektriker geholt werden. Stromleitungen eignen sich nicht für Hobby-Bastler.

Einbrecher

Bitte mach nie den Versuch, mit Einbrechern oder Dieben eigenhändig fertig zu werden. Ruf die Polizei oder hole dir Freunde zur Verstärkung, wenn das im Augenblick die einzige Möglichkeit ist.

Auch wenn du nach Hause kommst und von draußen bemerkst, daß drinnen jemand ist, der nicht hineingehört: stürze nicht ins Haus! Mach draußen so viel Lärm wie möglich. Gib dem Einbrecher die Chance, zu entwischen. Das ist besser, als wenn er dich angreift und womöglich mit einer Waffe attakkiert.

Wachst du nachts auf und stellst fest, daß jemand im Zimmer ist, bleib liegen. Tu, als ob du schläfst. Greif nicht nach einer Waffe, wenn du irgendwo ein Geräusch hörst: Sie könnte dir entwunden und gegen dich verwendet werden.

Schließe *immer* überall im Haus Türen und Fenster. Schiebe die Riegel *immer* vor. Auch Sicherheitsketten nützen nur dann, wenn sie vorgehängt sind. Laß nie Schlüssel innen in der Tür stecken. (Einbrecher legen ein Stück Papier unter die Tür und stoßen den Schlüssel von draußen mit einem Draht durchs Schlüsselloch nach innen. Der Schlüssel fällt auf das Papier, und das zieht der Einbrecher unter der Tür nach draußen durch. Einer der ältesten Tricks!) Wenn du dich bedroht fühlst, schiebe einen Stuhl mit der Lehne von innen gegen deine Schlafzimmertür, und zwar so, daß die Klinke hochgedrückt wird. Laß einen Freund versuchen, ob sich die Tür trotzdem noch von außen öffnen läßt. Dabei kannst du feststellen, in welchem Winkel du den Stuhl schrägstellen mußt und wie du am besten verhinderst, daß die Stuhlbeine wegrutschen. Lege einen Teppich, eine Gummimatte oder etwas aus Leder darunter. Eine andere Möglichkeit ist, die Stuhlbeine in Schuhe hineinzustellen, die eine rutschfeste Profil- oder Gummisohle haben. So ein improvisiertes »Sicherheitsschloß« läßt sich überall herstellen. Solltest du je in die heikle Lage kommen, daß jemand deine Tür von außen berennt und aufbrechen will, so verstärke Schloß, Riegel und Kette in der eben beschriebenen Weise. Solche Sicherheitsvorrichtungen mögen zwar stabil aussehen, sind aber nicht haltbarer als die paar Schrauben, mit denen sie befestigt sind. *Für den Umgang mit Einbrechern gibt es eine wichtige Regel: Vermeide die direkte Begegnung – und auf jeden Fall einen Kampf! Laufe weg; versteck dich; tu so, als ob du schläfst! Besser ein gesunder »Feigling« als ein verletzter oder gar toter Held!*

3. Vorräte für den Notfall: die Survival-Kits

Der Fallschirm ist für den verunglückten Piloten dasselbe wie ein Rettungsboot für den Schiffbrüchigen, nämlich die Möglichkeit, sich vom Ort der Katastrophe zu entfernen und *für den Augenblick* zu überleben.

Man kann jedoch sehr häufig in der Zeitung lesen, daß die Überlebenden eines Flugzeugabsturzes (aber zum Beispiel auch Bergwanderer, die verunglückt sind oder sich verlaufen haben) erst nach Tagen oder Wochen von Suchmannschaften gefunden werden. In einer solchen Situation hängt das Überleben allein von den Notvorräten ab, die den Verunglückten zur Verfügung stehen. Für diese Notvorräte, die klimafest und wasserdicht verpackt sein müssen, hat sich das englische Wort *Survival-Kit* eingebürgert, das zu deutsch etwa *Überlebensausstattung* heißt. Ein Survival-Kit, also ein Notpäckchen, enthält jene lebenswichtigen Dinge, die einem Unfallopfer, ganz gleich, wo es sich befinden mag, auf einer einsamen Insel, mitten im Dschungel oder auf der Spitze eines Eisberges, eine Überlebenschance lassen.

Während des Zweiten Weltkrieges hatten die Flugzeugbesatzungen einiger kriegführender Länder ihr Survivalpäckchen immer bei sich, getarnt als persönliche, private Habseligkeit. Im Inneren ihrer Stiefelbänder befanden sich winzige Kettensägen, mit denen man Eisenstangen durchsägen konnte. Ein gewöhnlicher Füllfederhalter enthielt Tinte, aber auch Aufmunterungstabletten, einen Kompaß, eine farbige Landkarte Europas auf knitterfreiem Reispapier und zwei Beutelchen Stoffarbe, um die Uniform so umzufärben, daß sie wie Zivilkleidung aussah. Im Innern von Bleistiften befanden sich magnetisierte Metallstifte. Hängte man sie an einem Faden auf, zeigten sie unfehlbar nach Norden. Einige Uniformen hatten magnetische Knöpfe. Wenn man einen abriß und auf einen anderen legte, wandte sich der magnetische Knopf nach Norden. Selbst die schweren Fliegerstiefel hatten noch einen geheimen Nebenzweck. Das warme, wollene Futterteil ließ sich herausreißen und mit Druckknöpfen in eine mollige Jacke verwandeln. Und was danach von den Stiefeln übrig war, ergab ein Paar derbe Wanderschuhe, die etwas aushielten. Die Nützlichkeit einer solchen Ausstattung wird jeder, der gerne auf Fahrt geht und das Abenteuer liebt, einsehen. Auch du solltest immer einen Notvorrat bei dir haben, egal, ob du auf Paddeltour gehst, auf eine Radtour, ob du Berge besteigen, im Schlauchboot aufs Meer hinaussegeln oder eine Felswand erklimmen willst, kurz gesagt, bei allen Abenteuern unter freiem Himmel.

So ein Survival-Kit nimmt nur wenig Platz im Rucksack, im Boot oder in der Tasche ein, und es macht großen Spaß, sich zwei solcher Notpäckchen zu Hause selber zusammenzustellen. (In den angelsächsischen Ländern kann man sie fertig in Sportgeschäften kaufen.) Das eine ist für den Rucksack bestimmt, das andere für die Jackentasche.

Das Notpäckchen für die Tasche solltest du immer und überall bei dir haben. Es ist so beschaffen, daß es keinerlei Last ist und nicht mehr Raum einnimmt als ein Füllfederhalter.

Das Notpäckchen für den Rucksack jedoch ist es, das du *hoffentlich* bei dir hast, wenn dir etwas passiert. Es paßt in eine kleine Blechdose mit fest schließendem Deckel. Sollte der Rucksack verlorengehen, ausgeschüttet werden, beschädigt oder unerreichbar sein, bleibt dir wenigstens das Füllfederpäckchen.

Es hat seinen guten Grund, zwei Survival-Kits zu machen. So wirst du im Fall der Gefahr wenigstens einen bei dir haben. Besser ist natürlich, du hast beide dabei. Sie helfen dir auf verschiedene Weise und sind sogar schon nützlich, bevor du ihren Inhalt überhaupt nur anrührst. Wenn du im eiskalten Wasser schwimmst und ein paar Meter vom Ufer entfernt spürst, daß dich deine Kräfte verlassen, wird es dir neuen Mut geben, wenn du weißt, daß du in wenigen Minuten ein Feuer anmachen und dich trocknen kannst. Auch bei den verschiedenen, oft ziemlich lebensechten Survivalübungen ist der Notvorrat eine wichtige moralische Stütze. Aber das sind nur die Nebenwirkungen – Hauptsache ist natürlich ihr praktischer Wert. – Bist du auf den Grund einer Schlucht gestürzt, ist dir der Schlafsack in eine Gletscherspalte gerutscht oder auf sumpfiger Heide weggeweht, ist dein Paddelboot gekentert – dein Survival-Kit ist noch da und wird dir helfen, die Situation zu meistern.

Es erübrigt sich wohl zu sagen, daß der Gebrauch der beiden Notpäckchen zu Hause gründlich geübt werden muß. Zunächst wird dir ihr Inhalt recht armselig vorkommen. Er ist aber bei richtiger Anwendung äußerst wirkungsvoll; die besten Resultate erzielst du damit, wenn du alle in diesem Kapitel aufgezählten Übungen so lange wiederholst, bis du sie im Schlaf kannst. Wenn du die beiden Behälter nämlich nach Vorschrift füllst, den Deckel draufdrückst, sie zuklebst und dann sagst: »So, jetzt sind meine Notpäckchen prima in Ordnung, mir kann nichts mehr passieren!«, bist du auf dem Holzweg. Deine Überlebenschance ergibt sich aus den Notvorräten in deinen Survival-Kits *und* dem Wissen, wie sie richtig verwendet werden.

Mach es also besser. Stell die zwei Päckchen zusammen, verschließe sie, klebe sie mit Leukoplast oder Isolierband zu, damit sie wasserdicht sind, und dann sage: »So, die beiden Survival-Kits sind bereit. Aber ich noch nicht!«

Und dann geh daran und mach die nachstehend beschriebenen Übungen mit den Dingen, die du eingepackt hast. Wohlverstanden – *nur* mit ihnen. Alle anderen Hilfsmittel sind streng verboten!

Wenn du also mit den in deinem Füllfederhalter-Notpäckchen enthaltenen Streichholzköpfchen ein Feuer machen willst und bekommst es nicht in Gang, so mußt du dich als gefährdet ansehen, obwohl du die Notsituation nur »spielst«. Es wäre sinnlos, mit zusätzlichen Streichhölzern oder Mini-Kerzen, die du im Ernstfall ja auch nicht hast, weiter Zweige anzuzünden. Brich den Versuch vielmehr total ab und fang wieder ganz von vorn an, mit neuem Material aus einem neu zusammengestellten Survival-Kit. Je sparsamer die Mittel sind, die du einsetzt, um das gesteckte Ziel zu erreichen (also zum Beispiel das Feueranmachen), desto nützlicher wird dein Notpäckchen sein.

Der Survival-Kit in der Blechdose

Sein Inhalt verschafft dir im Notfall Obdach, Wärme, Nahrung und die Möglichkeit, SOS-Signale zu geben. Die Zusammenstellung erfordert ein bißchen Geduld und einiges Nachdenken, weil alles Material auf kleinstmöglichem Raum zusammengedrängt werden muß. Aus Platzmangel wirst du oft in Versuchung kommen, das eine oder andere Hilfsmittel wegzulassen; doch im Ernstfall bist du froh um jeden Gegenstand, den du aus deinem Survival-Kit hervorziehst. Gib dir also Mühe und verliere nicht die Geduld.

Suche nach einer geeigneten Blechdose, wasche sie sorgfältig aus und laß sie völlig trocken werden. Welche Dose besonders geeignet ist? – Nimm einfach die kleinste, die gerade noch all das faßt, was auf den folgenden Seiten aufgezählt wird. Um dir eine ungefähre Vorstellung zu geben: In Amerika kann man einen Survival-Kit kaufen, der die Größe eines dünnen Taschenbuchs hat. Dein selbstgemachtes Notpäckchen darf ruhig noch kleiner sein und noch weniger wiegen. Schließlich passen sogar Lebensrettungsanzüge für Seeleute samt Stiefeln und daunengefütterten Hosen, Mantel, Kapuze und Handschuhe in einen Behälter von der Größe einer

Such dir eine Blechdose aus, die du notfalls auch als kleines Kochgeschirr benutzen kannst. Sie muß also völlig wasserdicht sein. Wenn du alles hineingepackt hast, schließe den Deckel und verklebe den Rand mit einem leuchtfarbebeschichteten Klebestreifen. Es wird dir übrigens leichter fallen, die richtige Dose auszusuchen, wenn du erst einmal alle Sachen zusammenträgst, die hinein sollen. Dabei kannst du gleich der Reihe nach die vorgeschlagenen Survival-Übungen machen.

Notunterkünfte

Das wichtigste ist die Unterkunft. Du mußt trocken bleiben und verhindern, daß der Wind dir unentbehrliche Körperwärme entzieht. Fehlende Unterkunft ist einer der häufigsten Gründe, warum Todesfälle durch Unterkühlung (*Hypothermie*) eintreten.

Plastikhüllen

Das ideale Mittel, sich warm zu halten, ist der sogenannte Polyäthylentunnel. Er muß allerdings weit genug sein, um dich bequem einzuhüllen. Doch auch ein einfacher Bogen Plastikfolie oder ein Plastiksack tun, wenn sie nur groß genug sind, gute Dienste. Aus jeder Art von Plastikfolie läßt sich ein Nachtlager machen.

Probier die verschiedenen Arten bei deinen Survival-Experimenten im Freien selbst aus.

Warnung: Eine Plastikhülle hält dich zwar in einer windstillen Nacht auf dem heimatlichen Rasen oder einer Wiese trocken und relativ warm, aber in der Wildnis mußt du unbedingt noch einen Windschutz errichten oder dich unmittelbar vor beziehungsweise hinter eine Felswand oder einen großen Steinblock setzen. Erst dann bist du einigermaßen gesichert, und die Plastikhülle wird dich gegen Nässe schützen und durch eine Schicht warmer Luft isolieren. Plastikhüllen sind besser als nichts, doch du mußt mit ihnen umgehen lernen, ehe du sie entsprechend verwenden kannst.

Sehen wir uns die verschiedenen Sorten Plastik einmal näher an, den sogenannten Tunnel, den Sack und die Unterkünfte, die sich daraus machen lassen. Du kannst dir dann aussuchen, was dir am besten zusagt. Alle drei Unterkünfte kannst du auf einer Wiese, in der Nähe deines Hauses, ausprobieren.

Der Biwaksack

Überall, wo dich in der Wildnis der Einbruch der Nacht überrascht, mußt du notfalls biwakieren. Eine Biwaktasche oder ein Biwaksack ist ein Ausrüstungsgegenstand für Bergsteiger, der sich bestens bewährt hat. Man setzt sich ganz einfach hinein Die große Tasche, die aus dem gleichen Material besteht wie jede in der Küche verwendete Plastikfolie, hält einen dabei warm. Oben, vor dem Gesicht, muß eine Öffnung zum Atmen bleiben. Am wärmsten hält so eine Plastiktasche, wenn man sich darin nicht unmittelbar auf den kalten Boden setzt, sondern auf Reisig oder Laub. Stelle beide Füße *in* deinen Rucksack und ziehe ihn so hoch wie möglich über die Beine hinauf. Sei vorsichtig und zerreiße die Plastikfolie nicht. Auch ganz

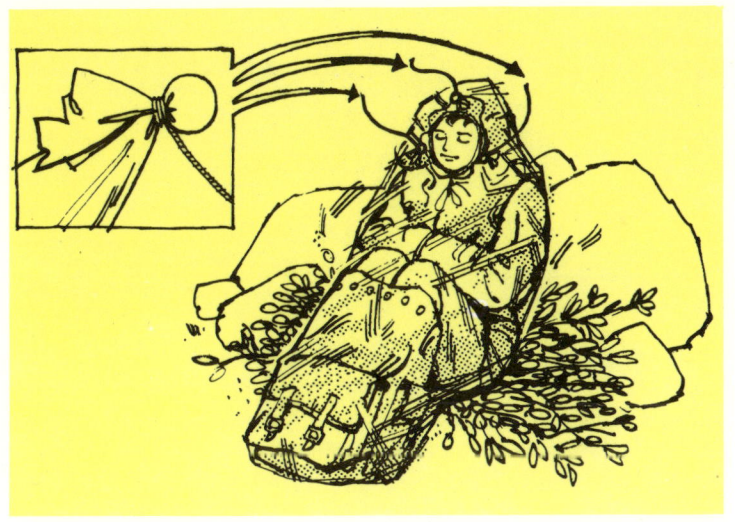

Biwaksack

dünne Folie kann Wärme liefern, zerreißt aber leider sehr leicht. Und jedes winzige Loch kann zu einem Leck werden, durch das Wärme entweicht. Ideal wäre eine Vorrichtung zum Zuziehen des Plastiksacks rund um das Gesicht, aber bei einem der üblichen großen Plastiksäcke ist es kaum möglich, so etwas anzubringen. Du kannst jedoch, wie die Abbildung zeigt, einen Teil der Öffnung zusammenknüpfen. Binde kleine runde Kiesel mit ein bißchen Schnur an drei oder vier Stellen in den Rand des Plastiksacks. Das bedeutet, daß nun drei oder vier Schnüre an der Hülle hängen, und damit läßt sich, wenn du erst einmal darin sitzt, der Sack einigermaßen zubinden. Aber Vorsicht! Zieh die Schnüre nicht zu fest an.

Unterkünfte aus Plastikfolie

Aus einer Plastikbahn lassen sich zwei Arten von Notunterkünften machen: das Pultdachzelt und das A-förmige Firstzelt. Für beide braucht man viel Schnur und schwere Steine zur Verankerung.

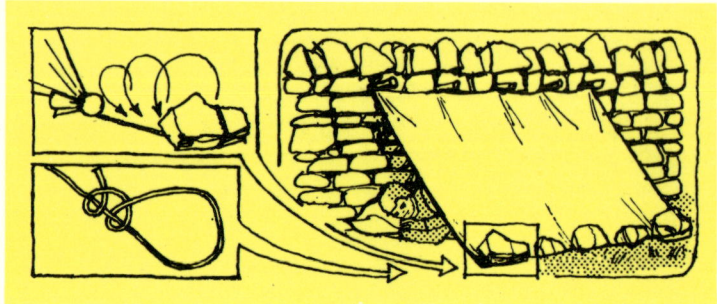

Pultdachzelt

Zunächst einmal das *Pultdachzelt*. Du befestigst das obere Ende der Plastikbahn an einer Steinmauer oder einem großen Felsenstück – mit Schnur, wie auf der Abbildung zu sehen ist. Dann drückst du das andere Ende der Plastikbahn durch schwere, mit Schnur befestigte Steine an den Boden. Die so entstandene Dachschräge mit einem Winkel von 45 Grad ist dein Schutzzelt. Wie du die Plastikbahn im einzelnen befestigst, hängt von der Bodenbeschaffenheit, der Art und Lage der Stützwand, des Steins, der Hecke, des Zauns usw. ab. Einige Grundregeln gelten für alle hier beschriebenen Zelttypen.

Binde kleinere Steine in alle vier Ecken der Plastikbahn und etwa alle 30 cm in den Rand. Laß die Schnüre dran, wenn du die Plastikbahn wieder in deinen Survival-Kit packst.

Für die Verankerung am Boden nimm nur sehr schwere Steine. Zu leichte rutschen im Gras. Dann wird das Dach deiner Unterkunft schlaff und hängt durch. Du brauchst dicke Felsbrocken für alle vier Ecken und dann noch je einen für die bereits angeknüpften Schnüre, die dazwischenhängen.

Vergewissere dich, daß deine Plastikbahn so straff ist wie die Haut über einer geballten Faust. Schlaffe Zeltbahnen lassen Regen durch und halten dem Winddruck schlechter stand.

Das obere Ende der Plastikbahn muß vollkommen fest sitzen. Kontrolliere aber auch, ob die Verankerung sicher ist. Binde die Befestigungsschnüre oben auf der Rückwand nicht an Steine, die locker sitzen und während der Nacht auf dich herunterfallen könnten. Eine gute Methode ist, starke Äste in die Ritzen der Rückwand zu bohren und die Plastikbahn daran aufzuhängen.

Polstere den Zwischenraum zwischen Stein und Plastik mit Moos, Gras, Farn oder ähnlichem aus. So verhinderst du, daß sich die Plastikbahn durchscheuert.

A-förmiges Firstzelt

Das *A-förmige Firstzelt* aus Plastik läßt sich genauso leicht errichten. Es ist besonders für solche Plätze geeignet, wo es weder Mauern noch Wände, Zäune, Hecken oder Felsblöcke gibt. Man kann es zwischen zwei Haufen aufgeschichteter Steine errichten oder zwischen einem Baum und einem Steinhaufen oder zwischen einem auf den Boden gestellten Rucksack und einem in den Boden gebohrten Stock. Es gibt unzählige Möglichkeiten. Unser Bild zeigt dir das Prinzip; alles weitere ist deiner Phantasie überlassen.

Binde zum Beispiel das eine Ende einer langen Schnur (ca. 5 m lang) in etwa 1 m Höhe (das kommt letztlich auf die Größe deiner Plastikbahn an) um einen Baum, Pfahl oder Felsbrocken. Das andere Ende (nicht das äußerste Ende, sondern ungefähr einen Meter davor) wickelst du um einen starken Stock, den du nun in den Boden rammst. Zieh den Rest der Schnur straff und binde das äußerste Ende um einen schweren Stein.

Diesen Stein schiebst du so weit zurück, bis die Schnur vom Baum über den Stock bis zum Stein völlig straff sitzt. Jetzt hänge deine Plastikbahn darüber wie ein Leintuch über die Wäscheleine. Wenn dein Verankerungsstein, der den Stock stützt, wirklich schwer ist, wird er das Gewicht aushalten. Dann beschwere die beiden unteren Säume des Firstzeltes – genau wie beim Pultdachzelt – mit Steinen und schiebe sie so lange hin und her, bis die Bahnen des Zeltes ganz straff sitzen und aussehen, als seien sie aus Glas.

Das Schlauchzelt

Für ein Schlauchzelt benötigst du ein etwa 2 m langes und 1,50 m breites Stück sogenannten Polyäthylen-Tunnel (auf dem Boden ausgebreitet gemessen), wie ihn die Gärtner verwenden. Das ist eine Art sehr weiter Plastikschlauch. Raffe das eine Ende in der Faust zusammen und binde es so zusammen, daß ein Stück Schnur überhängt. Dann binde mit der Kieselsteinmethode, die du ja schon kennst, drei weitere Stück Schnur in gleichem Abstand voneinander an die entgegengesetzte Öffnung des Tunnels. Zwei der Schnüre brauchen nur ungefähr einen Meter, aber die dritte muß ca. 3 m lang sein. Um ein Schlauchzelt aufzustellen, legst du es zunächst flach am Boden aus. Jetzt brauchst du vier schwere Steine. Binde einen davon an das überhängende Stück Schnur am zugebundenen Ende des Plastiktunnels. Dann dreh den Schlauch herum, bis die zwei kürzeren Schnurstücke an der geöffneten Seite des Tunnels auf der Erde liegen. Befestige auch sie an schweren Steinen. Jetzt zieh die Steine so weit auseinander, wie es irgend geht, so daß sich der Boden des Zeltes zwischen diesen drei Fixpunkten abzuzeichnen beginnt. Nun bleibt dir als letztes noch das ca. 3 m lange Schnurende. Das windest du wie beim Firstzelt um einen langen, derben Stock, der dicht vor dem Zelteingang fest in den Boden gerammt ist, und ziehst. Schon erhebt sich dein Schlauchzelt, und du kannst nun die Schnur, die du einmal, dicht unterhalb des oberen Endes, um den Stock geschlungen hast, an einem vierten Stein verankern (genau wie auf der Abbildung vom Firstzelt). Alle vier Steine müssen noch einmal nachgeprüft werden. Dann steht das Schlauchzelt als keilförmiges Gebilde da, straff und fest, und du kannst zum Schlafen hineinkriechen.

In diesem Stadium deiner Vorbereitungen solltest du ein Experiment machen. Verbringe in der Nähe deines Elternhauses eine Nacht in einem der Plastikzelte. Das ist eine erste Survival-Erfahrung, und die wird dir Spaß machen.

Nimm nur das Allernotwendigste mit: das Plastikzelt, einen Schlafsack oder ein paar Decken, um dich darin einzuwickeln. Such dir eine warme Nacht aus, damit du es behaglich hast und nicht gleich die Lust verlierst. Das Beste ist, wie gesagt, in der Nähe von daheim zu bleiben. Läuft tatsächlich etwas schief, kannst du immer noch nach Hause gehen.

Die goldenen Regeln lauten:

Stell dein Zelt so auf, daß der Eingang nach der windabgewandten Seite schaut.

Sorge dafür, daß zwischen deiner Unterkunft und dem Wind noch irgendeine schützende Mauer, Hecke oder ein Gebäude steht.

Um auszuprobieren, wie kalt einem in so einer Notunterkunft werden kann, lege dich probeweise auf den nackten Erdboden; im übrigen aber mach dir auf dem Boden deiner Unterkunft eine Art Matratze aus etwas, das du auch im Ernstfall so oder ähnlich zur Hand hättest: Zeitungen, Laub, Heidekraut.

Versuche – das ist nicht einfach – die Außenwände deines Zeltes nicht zu berühren (obwohl sich, wenn du die Zeltöffnung einen Spalt offenläßt, die Kondensfeuchtigkeit in Grenzen halten wird).

Verschließe den Zelteingang zum Teil mit Steinen, einem Rucksack oder Zweigen.

Behalte deine Taschenlampe neben dir für den Fall, daß du nachts etwas in Ordnung bringen mußt.

Mach dir ein Kopfkissen, indem du einen Pullover oder sonst ein Kleidungsstück über ein Bündel Farn, Gras, Heidekraut oder Laub legst.

Außer der Plastiktasche und der Plastikbahn gibt es noch die sogenannte *Weltraum-Rettungsdecke*, ein Stück Notausrüstung, das man kennen sollte, obwohl es nicht so vielseitig verwendbar ist wie ein großer Plastiksack. Es ist eine Plastikhaut, die mit Aluminium beschichtet ist, in der Größe von 1,30 m mal 2 m. Sie ist wind- und wasserdicht und reflektiert 90% der natürlichen Körperwärme. Auf der einen Seite ist sie orangegelb, damit sie sich vom Schnee abhebt, auf der anderen silbern, um die Hitze zurückzustrahlen. Sie wiegt so viel wie ein kleiner Apfel, läßt sich bequem in einer Zigarettenschachtel verpacken und kann in der Tasche oder in einem großen Survival-Kit in der Blechdose getragen werden. Sie ist verhältnismäßig billig, und man kann sie in jedem Geschäft für Camping-Ausrüstung kaufen.

Wärme

Das Feuer, das zu entzünden kannst, spendet dir äußere und innere Wärme. Es schmilzt Schnee, macht Wasser heiß, trocknet deine nassen Sachen, zeigt der Suchmannschaft deinen Standort und hebt allgemein deine Stimmung. Dein metallenes Kochgeschirr, die Blechdose des Survival-Kits, eignet sich dazu, Tee aufzubrühen, der dich wärmt, während das Feuer es dir auch von außen behaglicher macht.

Streichhölzer

Packe zwei Dutzend gewöhnlicher Streichhölzer in deinen Blechdosen-Notvorrat. Der beste Platz, um sie trocken zu halten, ist innerhalb der Plastikbahn, die sich schon im Survival-Kit befindet. Doch du kannst die Hölzer auch dadurch gegen Feuchtigkeit schützen, daß du ihre Köpfchen mit Nagellack bestreichst und völlig trocknen läßt. Binde die Streichhölzer mit einem Schmelzdraht zusammen (das ist der feinste Draht, der im Handel ist), und zwar so, daß bei dem einen Dutzend die Köpfchen in die eine, beim zweiten Dutzend in die andere Richtung schauen. Das vermindert die Gefahr, daß sie sich selbst entzünden. Obwohl man die meisten Zündhölzer am Daumennagel oder einem rauhen, trockenen Stein anreißen kann, nimm lieber ein Stückchen Streichfläche mit. Klebe es in deine Blechdose, aber bitte nicht in den Deckel, weil du den vielleicht einmal als Signalisierspiegel brauchst (davon später), und auch nicht in unmittelbare Nähe der Zündholzköpfe.

Das Feueranmachen

Survival-Übungen im Feueranzünden sind außerordentlich wichtig. Buschpiloten aus Kanada und Alaska zünden sofort nach jeder Notlandung in der Wildnis ein Feuer an. Sie halten es für das Allerwesentlichste. Leider wird es dir so gut wie nie gelingen, bei Feuchtigkeit und Wind ein Feuer in Gang zu bringen, wenn du vorher nicht ganze Versuchsreihen unternommen hast, egal, wie viele Streichhölzer du dabei verbrauchst. Der Kampf ums Überleben wird nirgends so deutlich, als wenn du an einem regnerischen Abend mit nur wenigen Zündhölzern Feuer machen willst und schließlich mit geschwärztem Gesicht deine verzweifelten Versuche, rotglimmende Fünkchen zu einer Flamme anzublasen, aufgeben mußt.

Ein Survival-Feuer anzuzünden, ist nicht dasselbe, wie ein Campingfeuer in Gang zu bringen, wo du genügend Streichhölzer und Brennmaterial zur Hand hast und es, wenn es nicht gleich klappt, immer wieder versuchen kannst. Im Katastrophenfall hast du vielleicht nur eine einzige Chance.

Ein fabelhafter Feueranzünder wird dir in der freien Natur reichlich und gratis geboten: die Birkenrinde. Tauche ein Stück Birkenrinde in Wasser und zünde es mit einem Streichholz an einer Ecke an. Der nasse Streifen wird sofort zu brennen beginnen. Zieh dir also viele Streifen Birkenrinde ab, dünn wie Häute einer Zwiebel, und stecke sie in die Tasche. Sammle dir einen großen Vorrat davon. Du wirst ihn noch brauchen, vielleicht in einer Situation, in der du nicht erst lange suchen kannst. Leicht entflammbares Material kann man nie genug haben.

Und nun sammle dir den Zunder dazu.

Fülle eine deiner Taschen mit allem Trockenen, das du findest: morsches Holz, Taschenflaum, Tannennadeln, Baumflechten, trockenes Farnkraut, Fledermauskot, Moos, dürres Gras, Daunen aus Vogelnestern, Fäden aus Hemden, Pullovern und Jacken, Schafwollflocken oder sonst etwas, das sich zwischen Daumen und Zeigefinger zu feinen Krümeln zerdrücken oder zu dünnen Flusen zerreißen läßt.

Wenn deine Kleider naß und alle deine Taschen feucht sind,

können zwei große Rindenstücke, die auf den Innenseiten trocken sind, deinen Zunder aufbewahren, bis du ihn brauchst. Du legst ihn einfach zwischen die Rinde. Dort bleibt er bis zum Feueranmachen trocken.

Der nächste Schritt ist das Beschaffen von Material zum Anfeuern.

Schau dich nach allem Brennbaren um, das *klein* ist: Papierschnitzel, Holzspäne, Rindenstückchen, Fichtenzapfen, Federn, Ästchen. Alles muß trocken und brüchig sein und beim Zerbrechen knacken. Wirklich dürres Holz hat übrigens keine Rinde. Wenn sich das Holz kalt und schwer anfühlt, ist es vermutlich feucht und wird schlecht brennen. Such dir, insbesondere dann, wenn es regnet, dein Anfeuermaterial unter dickem Laub oder unter Büschen. Du kannst dir auch abgestorbene Äste von Nadelbäumen brechen. Laubbäume laß lieber stehen, denn ihr Holz brennt erst, wenn das Feuer bereits kräftig lodert.

Noch ein Tip für das Sammeln von Anfeuermaterial: auch feuchtes, totes Holz läßt sich mit dem Messer so aufschneiden oder mit einem Stein so zerklopfen, daß das trockene Innere verwendet werden kann.

Jetzt kommt das eigentliche Brennmaterial.

Suche überall in der Nähe nach größeren Holzstücken und schichte dir einen richtig hohen Stoß zum Nachlegen auf; den wirst du brauchen, wenn dein Feuer erst einmal richtig in Gang ist. Später kannst du auch feuchtes Holz nehmen. Es muß aber erst an der Flamme getrocknet sein, ehe du es nachschieben kannst. Wenn dein Feuer so richtig prasselt, kannst du jedes beliebige Holz daraufwerfen, also auch Laubholz: Buche, Pappel, Birke usw. Obwohl gespaltene Äste besser brennen als ganze, mußt du darauf vorbereitet sein, auch große Äste nachzuschüren, wenn du sie nicht zerkleinern kannst. Es ist besonders wichtig, daß du alles Holz und Anfeuermaterial zusammenhast, ehe du das erste Streichholz anzündest.

Bei jedem Biwakfeuer, das du vorbereitest, denke daran, es nicht zu groß anzulegen. Kleine Feuer lassen sich leichter überwachen, brauchen weniger Material, und ihre Wärme läßt sich besser regeln (ausgenommen natürlich, daß du Notsignale geben willst und dazu eine hohe Flamme brauchst). Mach am

Feuermachen und Wasserkochen

Boden (insbesondere im Wald) erst einmal eine große runde Stelle vollkommen frei, kratze alles Laub und Moos sorgsam ab, damit keine fliegenden Funken Bäume oder Unterholz in Brand setzen können. Dann richte in der Mitte dieser gerodeten Fläche eine Unterlage her. Dazu nimmst du entweder Stämme oder dicke Äste und legst sie nebeneinander, alle in einer Richtung, darüber noch eine zweite Schicht, die in die andere Richtung weist. Du kannst aber auch flache Steine als Basis nehmen.

Unbedingt lohnend ist der Versuch, einmal ein Feuer in tiefem Schnee in Gang zu bringen. In diesem Fall benötigst du eine besonders große Plattform aus grünem, frischem Holz, sonst sackt dein Feuer nach einer Weile in den Schnee hinunter und verlöscht. Such dir, wenn irgend möglich, einen windgeschützten Platz, wo das Feuer sich nicht ausbreiten kann, und lege auch hierbei alles Brenn- und Anfeuermaterial griffbereit zurecht, ehe du den Zunder in Brand setzt.

Den Zunder nimmst du aus der Tasche und schichtest ihn sorgsam zu einem Häufchen, die kleinsten Krümel nach unten. Darüber errichtest du eine lockere Pyramide aus Anfeuerholz. Pack sie nicht zu dicht, laß Lücken, sonst erstickt der Zunder. Um den Zunder zum Brennen zu bringen, schiebe durch die Öffnung der Pyramide einen Kerzenstummel in das Zunderhäufchen – der Docht muß frei sein. Wenn du die Kerze angezündet hast, denk daran, deine kostbaren Zündhölzer sofort wieder an einem trockenen Ort zu verwahren. Es ist, wie gesagt, besser, mit einem kleinen Feuer anzufangen und es später nach Bedarf zu vergrößern.

Wenn du die folgenden Tricks anwendest, wird das Feuer von Anfang an schneller in Gang kommen. Nimm beispielsweise etwas von der Birkenrinde, von der schon die Rede war, zerreiße sie in dünne Fäden und stecke sie kreuz und quer in dein Zunderhäufchen oder flicht größere Streifen davon durch das Anfeuerholz.

Die Holzpyramide braucht viel Zwischenraum, damit die Luft ungehindert an die Flamme kann. Auch du selbst kannst ein wenig blasen, aber nicht zu heftig. Wenn alles durch und durch lodert, lege zuerst immer nur stückweise Holz nach. Wirf nicht zu schwere Brocken drauf, deren Gewicht das Feuer ersticken könnte.

Sobald das Feuer stärker wird, kannst du allmählich anfangen, die Enden großer Äste hineinzuschieben. Lege sie aus wie die Speichen eines Rades, wobei das Feuer die Radnabe ist. Schiebe von jedem Ast nach und nach soviel ins Feuer, wie am Ende bereits verkohlt ist.

Halte das Feuerholz, das noch nicht an der Reihe ist, trocken und zugedeckt. Trockne gleichzeitig das feuchte Holz am Rande des Feuers.

Besonders trocken muß natürlich das Anfeuermaterial sein. Halte dir einen größeren Vorrat davon, denn vielleicht mußt du bald ein neues Feuer anzünden. Noch besser ist es allerdings, das Feuer die Nacht durchbrennen zu lassen, statt es immer wieder neu anzuzünden. Häufe Asche auf die Glut und entferne sie am nächsten Morgen wieder: die Holzkohle darunter wird noch glühen. Du kannst auch zwei, drei große Äste über die Flammen legen. Wenn sie regelrecht verkohlt sind, lege eine dünne Schicht trockener Erde oder Asche darüber.

Kerze

Schneide dir eine Kerze so zurecht, daß sie bequem in deinen Suvival-Kit paßt. Sie wird dir vornehmlich zum Feueranzünden (siehe oben) und weniger zu Beleuchtungszwecken dienen. Außerdem kannst du sie in einem warmen Klima in allergrößter Not sogar essen!

Holzlockenstock

Nimm ein kleines Weichholzstöckchen (4–5 cm lang) und trenne mit einem kräftigen Messerschnitt dünne Streifen davon ab, ohne sie gänzlich abzulösen, so daß am unteren Ende eine Art gelockter Span entsteht. Dreh den Stock und mache rundherum diese Holzlocken. Drei Holzlockenstöckchen genügen, um ein Feuer anzuzünden. Dazu mußt du die »lockigen« Enden nebeneinander legen. Das brennt fast so gut wie eine Kerze. Hast du also die Kerze aus deinem Survival-Kit bereits in einer echten Notlage verbraucht, so ersetze sie durch zwei solcher Holzlockenstöcke, auch drei – wenn du Platz dafür findest.

Verkohlter Stoff

Diese Art von Zunder haben wir bisher noch nicht besprochen, und dabei ist es die allerbeste. Ein wenig davon solltest du in deinem Survival-Kit immer bei dir haben. Woher nehmen? Hol dir ein altes Hemd aus der Flickenkiste, reiße einen Streifen davon ab, pack ihn in eine Blechdose, die du gut verschließt, und lege das Ganze mitten in ein Feuer. Der versengte Fetzen, den du dabei gewinnst, wird beim kleinsten Fünkchen aufflammen.

Kraftnahrung

Die wichtigste Kraftquelle und konzentrierteste Nahrung ist der *Zucker*. Er hilft dem Körper in einer Notlage, zusätzliche Wärme zu produzieren.

Jeder *Suppenwürfel* liefert eine heiße, schmackhafte Suppe, die innerlich wärmt und die Körpertemperatur anhebt. Das darin enthaltene Salz hilft, Müdigkeit, Wasserverlust und Muskelkater zu bekämpfen.

In deinen Survival-Kit gehören also unbedingt 6 Stück Würfelzucker und 2–3 Suppenwürfel.

Nimm zwei leere Kugelschreiber. Schneide den einen 2 cm unterhalb der Spitze ab. Fülle den Hohlraum mit *Salz* und verschließe das obere Ende mit der Verschlußkapsel des anderen Kugelschreibers.

Pack auch zwei, drei *Teebeutel* ein. Alle diese Dinge wickelst du am besten in den Plastikbogen, der sich bereits im Survival-Kit befindet.

Werkzeug

Die dünnste Sorte starker *Sisalhanfschnur* ist die beste, besonders wenn es darauf ankommt, beim Errichten einer Unterkunft Steine an Plastik zu binden. Und weil man ein gutes Stück Schnur immer und überall benötigt, gehört es unbedingt in den Survival-Kit. Man kann damit zum Beispiel die Plastikbahn zu einem ganz kleinen Bündel zusammenschnüren und hat gleich zwei Fliegen mit einer Klappe geschlagen: die Schnur hat ihren Platz, und die Plastikbahn nimmt weniger Raum ein.

Mit einem dünnen, aber kräftigen *Draht* (zum Beispiel stärkerem Elektrodraht) kann man ein Federmesser (also ein Mini-Taschenmesser) so an einem Stock befestigen, daß ein Speer daraus wird. Es lassen sich auch Fallen aus dem Draht machen, wenn du wirklich einmal auf die Jagd angewiesen sein solltest und kleine Tiere fangen mußt, um dich zu ernähren. Außerdem ist Draht nützlich als Griff für deinen Kochtopf – d. h. die Blechdose deines Survival-Kits –, den du daran übers Feuer hängen kannst.

Für *Sicherheitsnadeln* gibt es Hunderte von Verwendungsmöglichkeiten, vom Behelfs-Angelhaken bis zum Zusammenhalten eines zerrissenen Kleidungsstückes, und sie gehören darum zur Standardausrüstung eines Survival-Kits.

Der Deckel der Blechdose, in der dein Survival-Kit untergebracht ist, kann zum Nachrichtengerät werden. Du brauchst dazu nur in der Mitte ein Loch durchzustoßen. Allerdings sollte das Metall der Dose einigermaßen blank sein. Wie man damit signalisiert, kannst du auf Seite 122 nachlesen.

Das wichtigste Werkzeug ist natürlich ein Messer. Auch wenn du immer ein gutes Taschenmesser bei dir trägst, sollte sich für alle Fälle in deinem Survival-Kit ein weiteres Messer befinden.

Suche dir dafür ein *Federmesser* aus rostfreiem Stahl aus. Halte es stets scharf geschliffen und gut geölt. Große Finger- und Daumenlöcher erleichtern dir das Öffnen, wenn deine Finger naß oder schmutzig sind. (Bei Kälte und Nässe werden die Fingernägel weich, und unter Umständen kannst du dann mit ihnen eine schwer bewegliche Klinge nicht mehr öffnen.) Wenn in der Dose ein Federmesser keinen Platz mehr hat, pack dir wenigstens eine kleine *Modellierklinge* mit ein. Die bekommst du in jedem Hobby-Laden.

Als Hilfskompaß dient *eine große, magnetisierte Stopfnadel*, die, an einem Faden hängend oder auf dem Wasser schwimmend, unweigerlich nach Norden zeigt. Male die nach Norden zeigende Spitze leuchtend rot an. Das Magnetisieren ist ganz einfach: Du bestreichst die Nadel mit einem Taschenmagneten, und zwar immer in der gleichen Richtung. Wenn du mit dem Magneten von der Nadelspitze zum Öhr streichst, wird immer das Öhr nach Norden zeigen.

Leukoplast, mit dem du den Survival-Kit fest verschließt, kann notfalls auch als Verband- und Flickzeug dienen. Kaufe deshalb eine Pflastersorte, die sich mehrfach verwenden läßt.

Und schließlich, ehe du die Dose zuklebst, denk daran, den eventuell noch freien Raum mit *Nahrungsmitteln von hohem Kaloriengehalt* aufzufüllen, etwa mit Nüssen, Rosinen und kleingebrochenem Malzzucker. Schokolade eignet sich nicht sehr gut, weil sie bei Wärme schmilzt und alles verklebt. Viel Nahrung wirst du auf diese Weise nicht bei dir haben, aber wenn du äußerst sparsam damit umgehst, hilft dir das wenige doch, einen kürzeren Zeitraum zu überbrücken.

Der Füllfeder-Survival-Kit

Ein Füllfederhalter ist ein bequemer Behälter. Er hat eine vertraute, handliche Form, und du kannst ihn einfach in die Tasche stecken oder an den Taschenrand angeklemmt tragen. Obwohl er sehr klein ist, kann er eine Menge nützlicher Dinge aufnehmen, die bei der Suche nach Unterkunft, Wärme und Nahrung hilfreich sein werden. Wenn du allerdings allein auf den Füllfeder-Survival-Kit angewiesen bist, wirst du eine Menge improvisieren müssen.

Die vorausgegangenen Experimente sollten dir zeigen, wie du mit dem Blechdosen-Notvorrat richtig umgehen mußt.

Die nun folgenden Übungen sind schwieriger, aber auch wichtiger, denn diesmal verfügst du nur über ein Minimum an Hilfsmitteln.

Kauf dir einen dicken, billigen Füller aus Plastik; je dicker sein Schaft ist, um so besser. Nimm die Patrone und die Feder heraus, so daß der Füller zu einem einzigen langen Hohlraum wird. Verschließe die kleinen »Atemlöcher« im Schaft, indem du das Plastik in einer Kerzenflamme zuschmilzt. Später, wenn alle Utensilien in den Schaft hineingepackt sind, verschließe den Füller an der Stelle, wo die Kappe auf dem Gehäuse aufsitzt, mit Klebeband, das mit Leuchtfarbe beschichtet ist, oder mit Leukoplast.

Unterkunft

Einzelheiten, wie man aus in der Natur vorkommendem Material eine Unterkunft errichtet, erfährst du im Kapitel »Wie hält man sich in einer Notlage warm?« Der Notvorrat in deinem Füller hilft dir dabei, indem er Wärme und Energie liefert.

Wärme

Mach ein Feuer, wie bereits beschrieben.

Streichhölzer

Stecke Streichholzköpfchen, an denen noch ein ca. 1 cm langes Stück Holz dranbleibt, in den leeren Tintenschlauch des Füllers. Erweiche den Schlauch vorher mit heißem Wasser und trockne ihn dann sorgsam, damit du alle Mini-Streichhölzer hineinbekommst, solange das Plastik noch geschmeidig ist. Danach wird es sich von selbst fest um die Streichhölzer schließen. Führe die Hölzchen alle in der gleichen Richtung ein, nämlich mit dem Kopf zuerst. Die Plastik-Pipeline paßt wahrscheinlich am besten in den Füller, wenn du sie teilst und in zwei Teilen nebeneinander »einfütterst«.

Kerze

Schnitzele eine Kerze mit scharfem Messer so zurecht, daß sie knapp in die dickste Stelle deines Füllergehäuses paßt. Wickle einen Schmelzdraht so eng darum, daß er ins Wachs einschneidet. Der Kerzenstummel mag dir zwar ein bißchen kläglich erscheinen, leistet aber als Feueranzünder unschätzbare Dienste, solange du seine kostbare Brenndauer nicht dadurch verschwendest, daß du ungeübt mit ihm herumhantierst.

Kraftnahrung

Nicht viel, aber doch etwas Energie und Kraft kannst du einpacken, indem du in den Hohlraum des Federhalters *Staubzucker* schüttest. Wenn du diesen Notproviant benötigst, brauchst du nur die Kappe abzuschrauben und dir den Zucker in die Handfläche zu schütten. Daß es bloß so ein bißchen ist, wird dann weniger wichtig sein als das gute Gefühl, daß du der Situation nicht ungewappnet gegenüberstehst.

Stelle eine verkleinerte Ausgabe des bereits beschriebenen Kugelschreiberbehälters her und fülle sie mit *Salz*. Kratze mit einer Rasierklinge die Außenhaut des Kugelschreibers soweit ab, daß er in den Füller hineinpaßt.

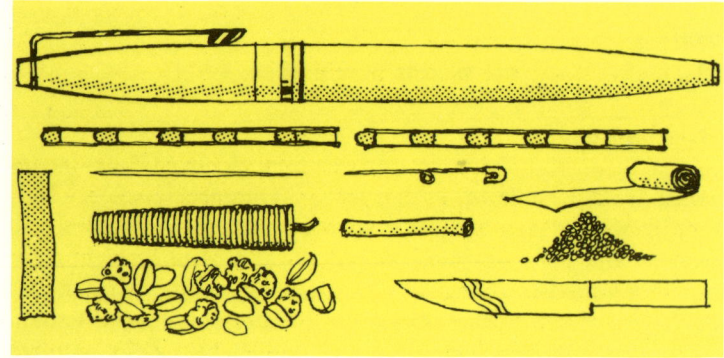

Survival-Kit im Füllfederhalter

Werkzeuge

Draht hast du bereits um die Kerze gewickelt.

Die *magnetisierte Stopfnadel*, die du als Kompaß verwenden kannst, ist entweder in die Kerze hineingebohrt oder wird lose dazugepackt.

Biege eine *Sicherheitsnadel* auf und stecke sie in den Schaft oder die Kappe des Füllers. Laß eine *Modellierklinge* von der besten Qualität mit hineinrutschen. Die beste Qualität wird länger scharf bleiben und bei Benutzung weniger leicht brechen.

Ein breites Stück *Klebeband* oder stark klebendes Leukoplast, das du mehrfach verwenden kannst, verschließt deinen Survival-Kit.

Wenn die Notausrüstung nicht ausreicht, was dann?

Was geschieht, wenn der Inhalt deiner Survival-Kits nicht mehr genügt – wenn deine Streichhölzer verbraucht sind, die Kerzen seit langem verbrannt, das Schmelzdrähtchen verloren, die letzte Notration aufgegessen und das Messer stumpf geworden ist? Vielleicht kommen dir deine Survival-Kits in einer bestimmten Situation sogar von Anfang an unbrauchbar vor. Du bist beispielsweise irgendwo in der Wildnis und versuchst verzweifelt, dir eine Notunterkunft zu bauen. Mit deinem winzigen Taschenmesserchen kannst du die Zweige von der nötigen Dicke gar nicht vom Baum bekommen. Jetzt hilft nur eines: improvisieren und aus den zur Verfügung stehenden Mitteln das Maximum herauszuholen.

Dafür einige Beispiele. Wenn du deinen Kompaß verloren hast, nimm die Armbanduhr, um die ungefähre Himmelsrichtung anzupeilen. Wenn deine letzten Vorräte aufgegessen sind, versuche, Ersatz in deiner Umgebung zu finden: Pflanzen, Fleisch und Fisch. Ein Mensch kann übrigens im schlimmsten Fall wochenlang ohne Nahrung auskommen. Ob er sich dabei sehr wohl fühlt, ist eine andere Frage, die uns hier nicht interessiert.

Auf den folgenden Seiten werden Survival-Experimente beschrieben, bei denen das Improvisieren geübt wird. Dabei wollen wir uns zunächst mit dem Feuer beschäftigen. Das Problem improvisierter Unterkünfte wird dann im nächsten Kapitel erörtert.

Was kannst du also unternehmen, wenn du keine Streichhölzer mehr hast?

Es gibt mehrere Möglichkeiten, ohne Streichhölzer Feuer zu machen. Einige sind ganz einfach, wenn die Bedingung dafür günstig sind, andere beinahe unmöglich, selbst unter allergünstigsten Begleitumständen. Sehen wir uns die letztgenannten, schwersten Möglichkeiten zuerst an.

Aneinanderreiben von Stöcken
Zu dieser Methode des Feuermachens gehört die richtige Holzart und so viel Geschick, Geduld und Energie, daß du in einer kritischen Lage davon ganz erschöpft wärst. Wir wollen uns gar nicht weiter damit beschäftigen.

Feuermachen mit einem Stück Eis

Hierbei kommt es darauf an, das Eisstück wie ein Vergrößerungsglas zu benutzen, nachdem es vorher zur Form einer Linse geschliffen worden ist. Diese Linse konzentriert die Sonnenstrahlen genügend, um den Zunder in Brand zu setzen. Mit einem Stück Eis sind schon unzählige Feuer gemacht worden, doch es gehört größte Sorgfalt und eine gewisse Portion Glück zum Formen der Linse, die so fehlerfrei wie möglich sein muß. Irgendeine krumme oder schiefe Linse nützt gar nichts. Auch die Art des Eises spielt eine Rolle. Das Stück muß klar sein wie Glas, ohne Blasen und Sprünge. Eis aus dem Eisfach des Kühlschranks ist völlig nutzlos, denn es ist zu wolkig und hat zu viele innere Furchen. Man findet verhältnismäßig selten so klares Eis in der richtigen Stärke – etwa 3 cm, mit dem sich eine Flamme produzieren läßt. Nun, das ist kein Grund zum Verzagen. Wir werden gleich sehen, daß es noch andere Möglichkeiten gibt, die Sonnenstrahlen zum Entfachen von Zunder zu benutzen. Vorher jedoch noch mehr über eine Methode, die zwar schwierig, aber immerhin möglich ist.

Das Feuerschlagen

Beim Pfeilwerfen springt häufig ein Pfeil vom Korkbrett ab und sprüht Funken, sobald er auf den Steinboden auftrifft. Das gleiche geschieht, wenn jemand mit Nagelstiefeln oder eisenbeschlagenen Schuhen einen Felsweg oder eine harte Straße entlanggeht. Das ist nachts gut zu beobachten! Und wenn du mit einem scharfen Gegenstand, etwa einer Messerklinge, auf harten Stein schlägst, gibt es ebenfalls Funken. Die besten Steinarten zum Funkenschlagen sind Feuerstein, Obsidian, Granit oder Quarz. Und nun zum Zunder: Du erinnerst dich an den verkohlten Stoffrest, von dem auf Seite 44 die Rede war. Das ist der Zunder, der sich am schnellsten mit einem Funken entzünden läßt. Selbstverständlich lodert auch er nicht sofort in hellen Flammen auf. Zunächst einmal »frißt« der Funken um sich, und es entsteht ein Fleckchen Glut, das sanft und allmählich zur Flamme angeblasen werden muß.

Und nun zu den anderen Methoden des Feuermachens, die ebenfalls keine Streichhölzer benötigen und weit weniger schwierig sind. Übe und probiere sie der Reihe nach durch, ehe du dich auf sie verläßt.

Die Linse einer Kamera
Als Brennglas eignet sich am besten die Linse eines Fotoapparates, weil sie normalerweise eine breitere Brennfläche hat als andere optische Instrumente. Öffne einfach die größte Blende, entferne das Kameragehäuse und laß die Sonne so von hinten durchscheinen, daß ihre Strahlen vorne durch die Linse fallen.

Ein Brillenglas
Ein aus einer Brille für Weitsichtige herausgenommenes Glas läßt sich ebenfalls als Brennglas verwenden. Probiere aus, welches die beste Stellung ist und wie hoch du das Brillenglas über Papier oder Zunder halten mußt.

Feuer mit zwei Uhrgläsern und einem Wassertropfen

Flammen aus einem Wassertropfen

Kauf dir zwei billige, gleiche Uhrengläser beim Uhrmacher. Warte, bis wirklich klares, sonniges Wetter ist. Tue einen Tropfen Wasser in eins der Uhrengläser, benutze das andere als Deckel (die Gläser müssen mit dem Rücken gegeneinanderliegen) und streiche ein wenig Kaugummi um den Rand, damit sie zusammenkleben. Jetzt hast du eine richtige Linse. Halte sie so, daß die Sonnenstrahlen sich zu einem Brennpunkt auf deinem Zunder vereinen. Probiere immer wieder, die Linse ein wenig anders zu halten, bis dein Zunder zu qualmen und schließlich zu glühen anfängt. Nun blase die Glut ganz behutsam zu einer Flamme an.

Ein Spiegel als Brennglas

Auch ein konkaver, also nach innen gewölbter Spiegel, wie zum Beispiel der Spiegel im Inneren eines Autoscheinwerfers oder ein Rasierspiegel, konzentriert die Sonnenstrahlen zu einem

Feuer mit dem Konkavspiegel

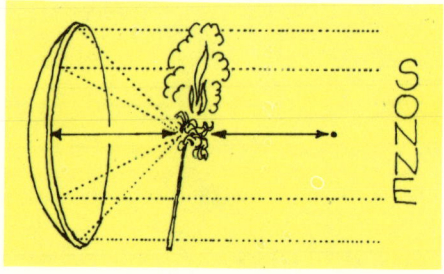

Brennpunkt, mit dem sich Papier anzünden läßt. Dabei kommt es darauf an, die Sonnenstrahlen auf einen Punkt etwa in der Mitte zwischen der Krümmung und dem Zentrum des Spiegels zu konzentrieren. Je größer der Spiegel ist, desto wirksamer ist er als »Feueranzünder«.

Eine Mahnung zum Schluß

In diesem Kapitel sollte nicht der Eindruck erweckt werden, Survival-Kits und Notvorräte könnten dich aus jeder Notlage retten. Sie sind sehr, sehr nützlich, wenn du sie im Katastrophenfall bei dir hast. Und für die in diesem und in den folgenden Kapiteln geschilderten Survival-Übungen sind sie Voraussetzung. Gerätst du später im Leben einmal in eine echte Notlage (und hast keinen Survival-Kit bei dir), so wird dieses Training dir trotzdem sehr zustatten kommen. Jede Notausrüstung – vorausgesetzt, du hast gelernt, richtig mit ihr umzugehen – verschafft dir einen wichtigen Vorsprung. Du kannst leichter Feuer machen, Unterkünfte bauen etc. Zusätzlich mußt du aber auch immer improvisieren können, denn jeder Notfall bringt eine Fülle unerwarteter Ereignisse und nicht vorsehbarer Situationen mit sich, für die du ganz unmöglich immer vollständig ausgerüstet sein kannst. Deshalb ist das echte Survival-Training ein Training deines Improvisationstalentes. Und zwar mußt du mit allem improvisieren können, was sich auftreiben und finden läßt. Das sorgfältige Zusammenstellen deiner beiden Survival-Kits wird dir einen Vorgeschmack auf das geben, was dich erwartet.

4. Wie hält man sich in einer Notlage warm?

Große Kälte kann einen Menschen umbringen, ehe er auch nur die kleinste Chance gehabt hat, sich in der Wildnis zu »beweisen«. Menschen, die einmal einen Winter in Sibirien oder am Polarmeer verbracht haben (und es gibt eine Menge ehemalige Kriegsgefangene, die du danach fragen kannst), werden dir bestätigen, daß man sich vor Kälte buchstäblich krümmen und nicht mehr aufrecht gehen kann. Kälte schneidet wirklich wie mit Messern. Man bleibt an allen metallenen Gegenständen kleben und kommt nur los, wenn man sich die Haut abreißt. Jedes Tastgefühl in den Fingern geht verloren; ja, man kann völlig bewegungsunfähig werden.

Die Kältegrade, die du in einer Notlage überstehen mußt, werden wahrscheinlich kaum arktisch oder sibirisch sein, auch wenn sie dir unangenehm genug vorkommen. Unterschätze die Kälte bitte trotzdem nicht. Sie kann einen Menschen selbst dann umbringen, wenn das Thermometer nur wenig unter den Gefrierpunkt sinkt. Schon ein kühler Abend kann gefährlich werden. Das Wetter kann sich verschlechtern, ein Kamerad kann verletzt sein, du kannst dich verirrt haben – ja, es kann sogar passieren, daß du auf einem Baum sitzt und nicht mehr runter kannst, weil unten ein wildes Tier sitzt. Dann ist die Nachtkälte auch im Sommer unter Umständen lebensbedrohlich. Es kommt ganz darauf an, wo und in welcher Lage du dich befindest.

Lerne daher als erstes, wie du die unmittelbare kritische Lage durchstehst, bis Hilfe eintrifft. Du mußt warm bleiben, um Notsignale aussenden zu können. Wer sich von der Kälte überwältigen läßt, ist so gut wie verloren. Darum mußt du schnell arbeiten und dich so viel und rasch wie möglich bewegen. Stürme, Gewitter oder beißende Kälte setzen dem Menschen so zu, daß er rasch ermüdet.

54

Doch wir brauchen gar nicht die schlimmsten Fälle anzunehmen. Schon eine Wetterverschlechterung, und sei sie noch so geringfügig, kann Gefahr bedeuten. Ein Erschöpfter wird bei schlechtem Wetter rasch zum Opfer einer Unterkühlung. Hast du dich den Tag über stark angestrengt und ausgearbeitet und das Unglück tritt gerade dann ein, wenn du total erledigt bist, frierst du natürlich viel leichter, als wenn du frisch und ausgeruht bist.

Gegen Kälte helfen nur eine möglichst solide Unterkunft und ausreichende Wärme. Ehe wir uns in allen Einzelheiten damit beschäftigen, wie man sie in einer Notsituation »improvisiert«, kann es nicht schaden, wenn du ein paar ganz einfache Survival-Experimente machst. Es genügt nämlich nicht, nur theoretisch zu wissen, wie sich Kälte im Freien auswirkt; du solltest sie auch am eigenen Leibe erfahren haben und wissen, wie dein Körper darauf reagiert und wie du zum Beispiel am zweckmäßigsten angezogen bist, um möglichst viel Körperwärme zu halten. Die erste Erfahrung ist die der automatischen Reaktion des Körpers, der alles tut, um die Wärme in seinem Inneren zu bewahren.

Mache den folgenden Versuch: Nimm ein Stück Eis in die Hand und beobachte, wie die Nerven den Zustrom von warmem Blut in die unterkühlte Hand abschalten. Dadurch wird verhindert, daß plötzlich ein großer Schwall gekühltes Blut zum Herzen zurückfließt.

Leider kann der Körper seine innere Temperatur nur bis zu einem gewissen Maß selbst regulieren. Wer also unbekümmert mit ihm umgeht und sich nicht vorsieht, hilft den Elementen noch, die ihn bedrohen.

Ein Beispiel dafür ist falsche Kleidung bei winterlichem Survival-Training im Freien. Erfahrene »Waldläufer« raten allen Anfängern stets zu lockerer, wollener Kleidung. Im nächsten Versuch kannst du dich von der Gültigkeit dieses Ratschlags überzeugen.

Die für die Körpertemperatur gefährlichste Kombination ist Kälte und Nässe. Hänge die Ärmel eines Baumwollhemdes und eines wollenen Pullovers in eine Schale mit nur wenig Wasser. Schau zu, wie die Baumwolle das Wasser schnell in die Höhe saugt und der Stoff durch und durch naß wird (und bleibt!). Die Wolle dagegen wird nur dort naß, wo sie direkt mit dem Wasser in Berührung kommt. Außerdem hat sie die einzigartige Eigenschaft, die Körperwärme auch dann zu stauen, wenn sie feucht ist. Sie stößt Wasser ab und umgibt den Körper mit einer Schicht vorgewärmter Luft. Auch das kannst du testen:

Zieh einen Wollsocken über die eine Hand und einen Baumwollsocken über die andere. Tauche beide Hände in kaltes Wasser und versuche, die Socken dadurch zu trocknen, daß du die Fäuste durch die Luft schwenkst. Der Wollsocken fühlt sich nie wirklich kalt an. Der Baumwollsocken bleibt dagegen naß und klamm.

Nasse Kleidung ist im Winter besonders gefährlich, weil die Körperwärme dann zweihundertmal so schnell entweicht, als wenn du trockene Sachen anhast.

Steck den Kopf aus dem Fenster einen schnellfahrenden Autos. Er wird sich bald taub anfühlen, gepeitscht von der rasch bewegten Luft. Nun befeuchte deine Augen. Sofort wird der Fahrtwind dich in diesem Teil des Gesichts brennen und stechen. Es gehört nicht viel Phantasie dazu, sich das Gefühl vorzustellen, in nasser Kleidung einem Schneesturm ausgesetzt zu sein.

Aber nicht nur durch Schnee und Regen wird die Kleidung naß, auch durch Schweiß. Ein durchschwitzter Baumwollpullover ist am Körper kaum wieder trocken zu kriegen.

Die beste Lösung besteht in mehreren *Lagen* Kleidung, zwischen denen sich Schichten stehender Luft bilden können und dich gegen Kälte isolieren, weil Wärme durch stehende Luft nur sehr langsam entweicht. Die verschiedenen »Lagen« lassen sich einzeln ausziehen oder überstreifen, je nach Witterungsbedingungen. Es stimmt, mehrere dünne Wollpullover (immer besser als nur zwei dicke, flauschige) sind ideal, wenn du darüber noch einen wind- oder wasserdichten Parka oder Anorak trägst. Eine Windjacke solltest du immer dabei haben. Sie wiegt nicht viel, sieht schick aus und kostet nicht die Welt. Denke bitte außerdem nicht nur an die Oberbekleidung – eine warme Hose und die richtige Unterwäsche sind genauso wichtig.

Angenommen, du bist jetzt richtig angezogen, dann ist ein

Körperteil noch immer ungeschützt – der Kopf! An dem alten Bergsteigerspruch *»Hast du kalte Füße, setze einen Hut auf«* ist wirklich etwas dran. Am besten eignet sich der zu allen Militärausrüstungen gehörende sogenannte Kopfschützer. Das ist eine Wollmütze mit Rollkragen, die nur Augen, Nase und Mund freiläßt. Dein Parka oder Anorak sollte außerdem eine Kapuze haben, die man noch über diesen Kopfschützer ziehen kann.

Hinterkopf und Nackenansatz sind die empfindlichsten Stellen des Oberkörpers. Ein Schal ist darum ebenfalls nötig.

Bleiben Handgelenke, Hände und Kniescheiben. Auch sie sollten besonders gegen Kälte geschützt sein; Hände und Gelenke durch dicke Fausthandschuhe (Polarforscher sagen, daß derjenige, der bei bitterer Kälte die Handschuhe verliert, mit dem Leben abgeschlossen hat!), die Kniescheiben mit warmen, wollenen Hosen und langen Unterhosen.

Probiere bei Wanderungen die verschiedenen Kleidungsstücke aus. Nichts geht über die eigene Erfahrung. Sieh selber, wie kalt dir wird, wenn du an einem Wintertag nur zwei dicke Pullover anhast, und wie behaglich warm dir mit vier dünnen ist. Natürlich solltest du aus Sicherheitsgründen die leichteren Pullover im Rucksack mitführen, während du die dickeren anhast. So kann dir, wenn es kälter wird, buchstäblich nichts passieren. Außerdem solltest du ausprobieren, wie scheußlich es ist, bei Wind und Wetter in Blue Jeans unterwegs zu sein, wie der Wind durch den nassen Stoff pfeift und dich im Handumdrehen auskühlt. Angenehm, dann in warme Wollhosen umsteigen zu können.

Eine zweite Wärmequelle ist die Nahrung. Unternimm an einem kalten Tag eine möglichst lange Wanderung, ohne etwas zu essen. Lege dir unten in den Rucksack Energienahrung. Iß sie aber erst, wenn du wirklich erschöpft bist. Du wirst staunen über den Unterschied in Stimmung und Tempo, den das bewirkt. Vergleiche die Stunden deines »Hungermarsches« mit den anderen, in denen du Nüsse, Rosinen oder Schokolade kaust. Deine Leistung ist unvergleichlich höher. Mach es dir zur Gewohnheit, an einem Tag in freier Natur immer etwas zu knabbern. Das Kauen kleiner Nahrungsmengen ist eine wesentliche Kraftquelle. Vor allem Süßigkeiten verwandeln sich rasch in Energie, aber auch Nüsse, Käse, Rosinen, Datteln und Gebäck. Nahrung hilft den Kräften auf und verzögert die Erschöpfung.

Hat man an einem kalten Tag draußen zu nichts mehr Lust und Laune und fühlt sich für alles zu müde, so ist das möglicherweise das erste Anzeichen für eine leichte *Hypothermie*, die sich rasch verschlimmern kann. Aber darüber später mehr. Jetzt wollen wir uns den improvisierten Unterkünften zuwenden.

Bau von Unterkünften

Wenn man irgendwo in der Wildnis verunglückt, sich verirrt oder eine Panne hat, ist eine Unterkunft lebenswichtig und mit ihrem Bau muß sofort begonnen werden.

Niemand braucht sich vor einem Schneesturm oder Blizzard zu fürchten, wenn er weiß, wie man eine Unterkunft aus Schnee macht. Schnee ist nämlich ein ausgezeichnetes Isoliermaterial, in dem sich ein sicheres und warmes Nachtlager aufschlagen läßt. Auch hier gilt das Prinzip, daß stillstehende Luft ein idealer Kälteschutz ist. Die »Luftblase« innerhalb einer kleinen Schneehütte erwärmt sich rasch durch die eigene Körpertemperatur.

Viele Menschen glauben, gerade in tiefem Schnee müsse jedes Unglück zur Katastrophe werden. Das stimmt aber nicht. Im Gegenteil! Schnee ist in Notsituationen der beste Schutz, den man sich denken kann. So sorgt beispielsweise in einem Schneeloch eine einzige Kerze für die nötige Wärme und Beleuchtung, egal wie kalt es draußen ist. In einer gut gebauten Schneehütte wird selbst bei einer Außentemperatur von minus 45 Grad Celsius die Temperatur minus 23 Grad Celsius nicht unterschreiten. Das sind volle 22 Grad Unterschied! Und Körperwärme kann diese Innentemperatur sogar noch bis zu 7 Grad über null anheben.

Mach beim nächsten Schnee die folgenden Experimente. Schaufle dir verschiedene Arten von *Schutzhütten* gegen Schneesturm und Kälte.

Schlaftunnel in einer Schneewehe

Grabe in einer hohen Schneewehe einen Tunnel schräg nach oben, im rechten Winkel zur Windrichtung. Das Loch darf nur eben groß genug sein, daß du hineinkriechen kannst. Ein kleines Schneeloch ist wärmer als ein größeres. Für zwei Menschen mit improvisierten Grabwerkzeugen dauert es etwa fünf Stunden, eine kleine Schlafhöhle zu graben, die gemütlich und warm ist. Solche improvisierten Grabwerkzeuge können Eispickel sein, große Stücke Baumrinde, Zweige, Steine, Skier, Sturzhelme; was gerade zur Hand ist.

Als erstes kratze den Schnee weg, dann hebe ihn in Blöcken ab. Wenn er zu weich ist und die Blöcke zerfallen, ist es zu warm, um eine Schneehöhle fest auszumauern. Vergrößere sie in diesem Fall von innen her. Streiche Dach und Wände mit einem Zweig oder Stein so glatt, daß die Feuchtigkeit nicht abtropft, und schneide oder stich dir eine Art breiter Bank unmittelbar unter der Decke aus, wo die Luft am wärmsten ist.

Bohre Ventilationslöcher ins Dach. Halte sie von Schnee frei, indem du von Zeit zu Zeit einen Zweig durchsteckst. Laß diesen Zweig am besten stecken, damit an ihm entlang Luft nach unten streichen kann. Der Eingang darf nie ganz fest zu sein. Laß immer eine kleine Öffnung, damit frische Luft zirkulieren kann. Das ist sehr wichtig.

Wenn du während eines Schneesturms ins Freie mußt – und es handelt sich nicht um eine Survival-Übung, sondern um den Ernstfall –, knote ein farbiges Kleidungsstück an das Ende eines Stockes und steck ihn in eines der Ventilationslöcher, ehe du weggehst. Du findest sonst vielleicht dein Schlafloch nicht wieder.

Schneehöhle

Schneegrube unter einem Baum

Einfacher geht es nicht! Die natürliche Höhlung in einer Schneewehe, aus der ein Baum wächst, ist leicht in eine relativ bequeme Unterkunft umzubauen. Wenn der Schnee tief genug ist und sich die trichterförmige Vertiefung um den Stamm deutlich genug abzeichnet, kannst du sie mit nur wenig Schaufelei erweitern. Klettere hinein und fang an, die Vertiefung nach der windabgewandten Seite hin zu vergrößern. Wirf den Schnee auf den Rand des Trichters hinauf, um größeren Windschutz hinter dem Wall zu haben. Das Dach machst du am besten aus Zweigen und Ästen. Jedes größere Stück Baumrinde, das im Schnee liegt, leistet dabei als Isolierung gute Dienste.

Ein aus Nadelholzzweigen aufgeschichtetes Lager wird dich gegen Bodenkälte und Feuchtigkeit schützen. Spare keine Mühe und Anstrengung, es dir so behaglich wie möglich zu machen – es lohnt sich! Nimm – wenn möglich – die unteren Zweige von eben dem Baum, der in der Mitte deiner Grube steht. Arbeite dabei rings um den Stamm und schneide nur solche Zweige ab, die nicht dicker sind als ein gewöhnlicher Bleistift. Warte, bis du so viele beisammen hast, daß deine »Matratze« etwa 25 cm dick ist. Umgib den Stamm unten mit kleinen Knüppeln oder Steinen. Dann schichte die Zweige ringsherum, ausgerichtet wie die Speichen eines Rades. Dabei liegen die abgeschnittenen Enden am Boden und die Spitzen sind an den Stamm gelehnt. Nadelholzzweige haben eine natürliche Krümmung. Die nach oben gebogene Seite sollte auch nach oben zeigen, damit dein Lager elastisch federt. Lege Reihe auf Reihe dachziegelartig übereinander, bis der Boden von einer Wand bis zur anderen mit Zweigen ausgelegt ist. Jetzt probiere dein Bett und bessere die unbequemen Stellen aus, indem du hie und da Zweige nachlegst.

Es ist erstaunlich, wie warm und behaglich es ohne jegliche Heizung in einer solchen Baummulde sein kann.

Schneekeller

In nicht allzu hohem Schnee kannst du dir auch einen Graben machen und ihn mit großen Schneeklumpen abdecken. Diese Art von Unterkunft ist weit schneller und leichter zu errichten als ein Iglu. Sie sieht zwar weniger hübsch aus, hält dich aber sehr gut warm.

Grabe etwa 2 m tief und bohre dann vom Grund des Grabens aus seitwärts oder auch nach beiden Seiten weiter, als wolltest du einen Querstollen anlegen. Diese Nischen müssen so groß sein, daß du darin sitzen kannst. Zieh aber vorher außenherum eine Rinne in den Schnee, damit das Schmelzwasser abfließt.

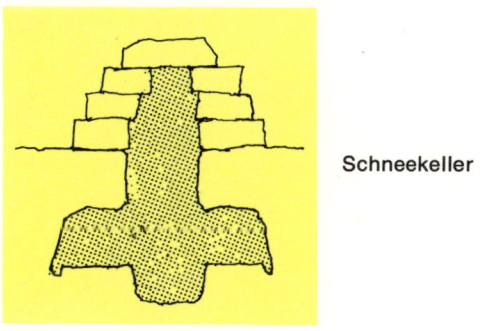

Schneekeller

Das Dach des Grabens kannst du aus großen Schneebällen machen. Dazu nimmst du den Schnee, den du aus dem Graben herausgeschaufelt hast. Presse diese großen Schneebälle sehr fest aneinander und verklebe und versiegele Ritzen und Spalten mit kleinen Schneeklümpchen. Einen großen Schneeball laß locker liegen, damit du ihn beim Hinein- und Hinauskriechen als Tür hinter dir zuziehen oder vor dir wegschieben kannst.

Schneezelt

Zeichne mit dem Stiefelabsatz den Umriß einer etwa 90 cm breiten Grube in den Schnee. Dabei kannst du gleich sehen, ob der Schnee für deine Zwecke fest genug ist; je härter er nämlich ist, desto besser.

Stich die »Bauplatten« für die Seitenwände des Zeltes ungefähr 15 cm dick aus dem Schnee heraus. Lege sie behutsam neben deinen Graben, den du mindestens 60 cm tief in den Schnee hineingraben mußt, und hebe dabei weitere »Schneebausteine« sorgfältig heraus.

Als nächstes mach an jeder Längsseite des Grabens einen L-förmigen Einschnitt. Da hinein werden die Seitenplatten des Schneezeltes gestellt. Sie haben dann mehr Halt. Stell die Platten, wie auf der Zeichnung zu sehen, gegeneinander. Wie du erkennen wirst, erleichtert es die Arbeit, wenn du sie versetzt aufstellst, so daß du immer nur eine handhaben mußt. Der Graben braucht nur so tief zu sein (das heißt, die Platten müssen ihn in einem solchen Winkel decken), daß du eben darin sitzen kannst, ohne mit dem Kopf anzustoßen.

Schneezelt

Isoliere den Boden mit Nadelzweigen und Kleidern, die du in den Schnee, besser aber noch auf alte Zeitungen legst. Höhle dir an der einen Seite eine kleine Nische aus, um eine Kerze hineinstellen zu können. Sie wird dir genügend Wärme liefern, wenn beide Ein- oder Ausgänge *fast* ganz mit Schnee verschlossen sind. Fast heißt, daß du nicht in die Versuchung kommen darfst, dich ganz einzuschließen. Es muß immer genug Luft durch dein »Zelt« streichen können. Am besten benützt du eine Schneeplatte als Tür. Du kannst sie beiseite schieben oder hinter dir zuziehen, und es kommt immer ein wenig Luft hindurch.

Warnung: Alle hier beschriebenen Unterkünfte, wenn sie *allein aus Schnee* errichtet werden, bleiben nur bei starkem Frost stabil. Dach und Wände müssen mindestens 60 cm dick sein, um genügend zu isolieren und nicht zusammenzubrechen. Nasser Schnee ist für den Bau von Schneehütten ungeeignet. Wenn die Temperatur nicht einige Grade unter null beträgt, bricht jedes Schneedach ein.

Zusammenfassung aller Tips für das Graben und Benutzen von Schneehütten

Nicht nur im Katastrophenfall ist es nützlich, richtig graben gelernt zu haben. Richtiges Graben wird deine Experimente mit Schneehütten sehr erleichtern und das Risiko verringern, daß du dir dabei zum Beispiel einen Muskel zerrst. Arbeite nicht hektisch, sondern spare deine Kräfte. Lege alle paar Minuten eine Pause ein, und hör sofort auf, wenn du müde bist. Das gilt natürlich nur mit Einschränkungen für den Notfall, wenn es darauf ankommt, möglichst schnell eine Unterkunft fertigzustellen. Grabe mit deinem ganzen Körper, auch mit den Beinen und dem Rücken. Lege dein ganzes Gewicht auf den Spaten oder das Gerät, mit dem du schaufelst. Verwende nie die Armmuskeln allein. Und wenn dir bei der Arbeit heiß wird, solltest du im Winter trotzdem darauf verzichten, mit nacktem Oberkörper zu graben. Was nützt dir die schönste Schneehütte, wenn du mit einer Erkältung zu Hause bleiben mußt. Und daß du im Notfall nicht auch noch krank werden darfst, muß wohl nicht extra gesagt werden.

Hebe beim Graben nicht zu große Portionen Schnee auf einmal an, nasser Schnee ist schwerer als Pulverschnee. Und du hast ja zusätzlich immer noch das Gewicht des Spatens zu stemmen.

Wenn du alle vorangegangenen Tips und Empfehlungen sorgfältig beachtest und deine Eltern um Erlaubnis bittest, kannst du nun – zusammen mit einem Freund – einmal draußen im Schnee übernachten. (Selbstverständlich sollte sich die Schneehütte nicht weit von deinem Zuhause befinden.)

Deine selbstgebaute Unterkunft wird viel wärmer sein, als du dachtest. Trotzdem ist das ganze Unternehmen kein »Kinderspiel«. Halte dich bitte unbedingt an folgende Grundregeln:

Es ist von großer Bedeutung, daß die Unterkunft im Inneren so trocken wie möglich bleibt. Schüttle alle Kleidungsstücke und Decken, an denen Schnee hängt, gründlich aus, ehe du ins Innere kriechst, sonst schmilzt der Schnee, und du hast überall Pfützen. Tritt und stampfe den Boden ganz fest. Tunke mit einer Hand voll Schnee das Wasser auf, das vom Dach oder den Wänden tropft.

Denke, wie schon mehrfach erwähnt, immer daran, ein Luftloch zu lassen, damit die Luft zirkulieren kann, wenn du hinter dir den Eingang mit Schnee verschließt.

Setz dich nie direkt auf den Schnee; bedecke die Bank, die du geformt hast, mit Nadelholzzweigen, alten Zeitungen oder Decken und Kleidern. Auch unter deinen Schlafsack solltest du Zweige und Zeitungen legen. Du brauchst nicht alle Kleidungsstücke anzubehalten, wenn du erst im Inneren der Schutzhütte bist.

Einen richtigen Ofen mitzunehmen, ist nicht empfehlenswert. Er würde die Temperatur zu sehr ansteigen lassen, und es würde vom Dach tropfen. Beschränke auch die Kocherei auf ein Aufwärmen über einer Kerze – auch Wasser kann man so heiß machen – und halte auf diese Weise die Dampfentwicklung möglichst niedrig. Kochen über einer Kerze? – Jawohl. Du kannst dir einen fabelhaften Blechdosenkocher konstruieren, indem du eine Kerze in den Schnee steckst und eine Blechdose, deren Boden und Deckel du abgeschnitten hast, darüberstülpst. (Die Dose muß außerdem rundherum Löcher haben, die du mit einem Nagel hineinschlägst.) In einer etwas größeren Dose, die du auf diesen improvisierten Kocher stellst, läßt sich genügend Wasser für Tee oder Suppe heiß machen.

Behalte immer einen Eispickel, einen Spaten, einen dicken Ast oder sonst etwas zum Schaufeln bei dir für den Fall, daß das Dach einbricht und du dich selbst ausgraben mußt.

Andere Schutzhütten

Es gibt viele Arten von Schutzhütten, die man auch dann errichten kann, wenn es auf den ersten Blick so aussieht, als sei nicht das geringste Material für eine Unterkunft vorhanden. Irgendeinen Schutz gegen Wind, Kälte, Regen oder glühende Sonnenstrahlen hält die Natur fast immer bereit: Bäume, umgebrochene Stämme, Felsen und Klippen. Die allereinfachste Schutzhütte kannst du dir im Wald an einem gefällten oder umgebrochenen Baum errichten, und zwar zwischen Stamm und Waldboden. Du brauchst nur Zweige oder Knüppel schräg an den Baum zu lehnen, so daß sich eine Art primitives Dach bildet.

Schutzhütte unter gefällten Bäumen

Schon kannst du darunterkriechen und bist für den Moment geborgen.

Die gebräuchlichste Schutzhütte ist die Scheuer, Scheune oder der Heustadel. Heutzutage wird das Heu allerdings dort nur noch selten lose eingelagert. Meist ist es zu Ballen gepreßt und dann aufgeschichtet. In Ballen kann man sich nicht vergraben, daher mußt du zwei, drei aufschneiden und das Heu herausnehmen. Zerschneide die Schnur, die die Preßballen zusammenschnürt, mit jedem beliebigen scharfkantigen Gegenstand, den du findest: einem rostigen Nagel, einer Sichel oder dergleichen, und reiße die Heubündel auseinander, bis du sie mit den bloßen Fingern aufschütteln und lockern kannst. Dann wühl dich tief hinein, bis dir warm wird. *Aber Achtung! Das darfst du natürlich nur, wenn du in Not bist* und dir wirklich nicht anders zu helfen weißt. Bei einer Survival-Übung ist das unerlaubt und auch unnötig. Außerdem machst du dich strafbar, wenn du – ohne zwingende Gründe – über fremdes Eigentum verfügst.

In einer kritischen Lage kommt es vor, daß du nicht nur eine Behausung für dich selbst benötigst, sondern vielleicht auch für einen verletzten Kameraden, der darin auf das Eintreffen der Rettungsmannschaft warten soll. Dafür gibt es die sogenannte *Rettungskuppel*, deren Konstruktion – trotz des großartigen

Namens – äußerst einfach ist, aber Zeit erfordert. Dieser Hüttentyp ist übrigens nicht nur für den Ernstfall geeignet, sondern gibt im Sommer auch fabelhafte Campingmöglichkeiten her. Die Bauart ist im Prinzip bei allen Materialien die gleiche, aber es sind unendlich viele Variationen und Erweiterungen möglich, die allerdings deiner Phantasie und deinem Architektentalent überlassen bleiben müssen.

Verschaff dir die längsten Weidengerten, die du finden kannst. Scharre in grobem Umriß die Basis der Rettungskuppel auf den Boden. Sie kann oval, rund oder rechteckig sein, darf aber in der Breite niemals die durchschnittliche Länge deiner Weidengerten überschreiten.

Steck das dicke Ende einer Weidengerte irgendwo auf der vorgezeichneten Grundrißlinie tief in den Erdboden. Genau auf dem gegenüberliegenden Punkt des Grundrisses steckst du eine zweite Gerte ein. Zieh die beiden Spitzen über der Mitte des Grundrisses zueinander und binde sie mit Wurzeln, Schnürsenkeln, Draht oder Schnur zusammen. Im rechten Winkel zu diesem Bogen stecke ein weiteres Paar Gerten in den Boden und binde sie ebenfalls zusammen. Jetzt verbinde beide Bögen miteinander, so fest es geht. An dem nun entstandenen Kreuz kannst du bereits die Größe deiner Kuppel erkennen. Die weiteren Bögen, die du herstellen mußt, dürfen etwas kleiner sein.

Unweit des ersten Bogens bau einen kleineren, parallel zum ersten, und als nächstes wieder einen im rechten Winkel dazu. Dieses Überkreuzen von Weidengertenbögen führst du so lange fort, bis dein Bau einem großen, klobigen, umgekehrten Weidenkorb gleicht. Überall, wo die Gerten sich treffen, werden sie aneinander befestigt. Der einzige größere Zwischenraum ist die Lücke, die für den Eingang freibleiben muß.

Nun kannst du Moos, Gras, Heidekraut, Farn, Blätter, Nesseln, Stroh und Schlingpflanzen in das fertige Korbgerüst flechten. Bedecke es anschließend mit einer Schicht nicht zu feuchtem Lehm oder mit Schnee. Fertig ist die Rettungskuppel.

Die einfachste Nothütte, die zu Anfang dieses Abschnittes schon kurz beschrieben wurde, ist aber das Schrägdach, das sich an eine feste Rückwand anlehnt. Das muß natürlich nicht ein umgestürzter Baum, sondern kann auch eine Felswand oder ein Felsblock sein. Beim Bau des Daches ist viel Spielraum für die eigene Phantasie gegeben. Solange der Eingang windabgewandt und das Dach regendicht ist, wirst du in seinem Schutz geborgen sein. Erst wenn du diese provisorische Unterkunft länger als eine Nacht brauchst, mußt du sie ein bißchen stabiler und einigermaßen winddicht machen. Bau dir dann eine Feuerstelle in der Nähe der Türöffnung, möglichst so, daß du in deiner Nothütte von der Wärme etwas abbekommst.

Warnung: Sei vorsichtig, wenn du das Hüttenbauen im Wald *übst*. Der Besitzer wird nämlich einiges dagegen haben, wenn du Baumstämme entrindest oder Zweige und Äste abschneidest. Benutze also lieber abgestorbene dürre Äste, und als Bedachung nur solche, die bereits am Boden liegen!

Nun noch etwas zur Innenausstattung deiner Schutzhütte. Lege Nadelzweige, Tannennadeln, Heide, trockenes Moos und Farn so dick wie möglich übereinander, damit dein Lager einigermaßen elastisch ist. Versuche, diese Matratze mindestens 33 cm dick zu machen und nimm als unterste Lage Stechpalmen oder Stechginster, die sich ausgezeichnet dafür eignen. Wenn du das Hüttenbauen übst, such dir nicht gerade den schönsten Tag des Jahres aus. Dann ist das Ganze nämlich kein sehr großes Kunststück. Und wenn die Unterkunft fertig ist, solltest du wirklich eine Nacht darin kampieren – ohne Schlafsack und Decken. Das allerdings nur im Hochsommer!

Jetzt wollen wir uns zum Schluß noch mit einer sehr zivilisierten Notunterkunft beschäftigen, nämlich mit dem *Auto*. Auch das notgedrungene Übernachten im eigenen Wagen will gelernt und gekonnt sein. Im Sommer ist das zwar kein großes Problem, aber im Winter – wenn man zum Beispiel in einem Schneesturm steckengeblieben ist – gibt es doch einiges zu beachten. Die Grundregel heißt dann:

Verlasse den Wagen nie! Wenn du während heftigen Schneetreibens aus dem Auto steigst, zum Beispiel um Hilfe von »irgendwo« zu holen, und dich dabei verirrst, wirst du es aller Wahrscheinlichkeit nach nie wiederfinden. Dann bist du ohne jeglichen Schutz, und es besteht die große Gefahr, daß du in Kälte und Schnee vor Erschöpfung und Unterkühlung umkommst. Bleib daher immer im eingeschneiten Wagen sitzen und warte, bis die Nacht vorüber ist oder sich das Wetter ändert. Zu Hause in der Garage kannst du üben, wie du dich im Notfall im Auto einrichten kannst. Kurbele das Fenster einen Spalt hinunter (das würdest du im Fall einer Katastrophe auch tun müssen, damit Sauerstoff in den Wagen kommt), zünde eine Kerze an und klebe sie auf das Brett unterhalb des Rückfensters. Mehr Heizung brauchst du nicht. Im Ernstfall würde der Fahrer zwar während der Nacht von Zeit zu Zeit den Motor laufen lassen – vorausgesetzt, er hat noch genügend Benzin im Tank und kann den Auspuff freihalten, damit die Heizung die warme Luft auch ausblasen kann. Selbstverständlich darfst du niemals und unter keinen Umständen den Motor in einer Garage laufen lassen. Du kannst dabei einschlafen und riskierst eine Kohlenmonoxydvergiftung. Und du brauchst die Wagenheizung auch gar nicht, denn du kennst mittlerweile schon verschiedene Möglichkeiten, Wärme zu erzeugen und zu speichern. Im folgenden Abschnitt gibt es darüber weitere Informationen.

Wärme

Du hast jetzt zwar eine Schutzunterkunft, doch das bedeutet noch nicht, daß du im Ernstfall auch einen Schlafsack, Decken, zusätzliche Kleidungsstücke oder ein Feuer hast. Wenn du in einer solchen Situation bist, werden dir folgende *wärmeerzeugende Übungen* helfen. Du kannst sie überall, wo du gehst und stehst, machen.

Vielleicht wartest du gerade zähneklappernd auf einen Zug oder auf die Straßenbahn, oder du bist Zuschauer bei einem Fußballspiel und fühlst, wie deine Füße zu Eisklumpen werden. Das sind gerade die richtigen Gelegenheiten, um *Wärmesteuern* zu üben. Bei allen Übungen mußt du gleichzeitig auch denken. Der Geist muß die Bewegungen mitmachen, wenn du warm werden oder bleiben willst. Das heißt: nachdenken, nicht bloß rumzappeln! Es ist zum Beispiel ganz falsch, so heftig zu üben, daß du dich naßschwitzt. Bei großer Kälte kann deine auf dem Körper anliegende Wäsche gefrieren. Mindestens aber wird sie feucht, und dir geht dadurch Wärme verloren. Bewege dich also langsamer als gewöhnlich.

Bist du bei Kälte im Freien, verschwende keine Muskelenergie und berühre, wenn es sich vermeiden läßt, nichts Eiskaltes. Stell dich aber auch nicht regungslos hin und laß dich vom Wind durchblasen. Er nimmt dir kostbare Körperwärme weg, und du wirst tief im Inneren, wo es am wichtigsten ist, kälter.

Stell die Füße dicht nebeneinander und hüpfe ganz gemächlich. Allmählich wird dir davon warm.

Krümme und strecke Finger und Zehen, auch dann, wenn du sie nicht mehr spürst. Hör nicht damit auf, wenn die Wärme in sie zurückkehrt, auch dann nicht, wenn es wehtut.

Schüttele dich von oben bis unten durch wie ein Hund. Das ist eine natürliche Reaktion. Der Körper tut automatisch dasselbe, nämlich dann, wenn er vor Kälte zittert. Unterdrück das Zittern also nicht.

Blase deinen warmen Atem auf die Finger, bis sie sich zu erwärmen beginnen. Du merkst es daran, daß sie schmerzen. Wenn du in die hohle Hand bläst und sie dir vors Gesicht hältst, kannst du damit außerdem dein Gesicht wärmen.

Versetz dir selber Boxhiebe, schlage mit den Armen und umfasse dabei deinen Oberkörper.

Schneide, bevor du kein Gefühl mehr im Gesicht hast, so viele Grimassen, wie du nur kannst. Und wenn es bereits taub und gefühllos ist, erst recht! Im Gesicht bekommt man nämlich besonders leicht Frostschäden. Halte es daher in Bewegung.

Steck die Hände in die Achselhöhlen, wenn sie sehr kalt sind – unter die Kleider. Oder zwänge sie vorn in die Unterhose zwischen deine Beine. Das sind die wärmsten Stellen des Körpers, um sich die Finger aufzuwärmen. Die Fingerspitzen kannst du notfalls auch in den Mund stecken.

Bohre oder schneide nahe der Manschette winzige Löcher in die nach innen liegenden Seiten deiner Jackenärmel. So kannst du die Daumen durchstecken und die Ärmel so weit hinunter ziehen, daß sie zugleich als zweites Paar Handschuhe dienen.

Hast du hohe Stiefel an? Dann pack Heu in die Schäfte rings um deine Beine. Davon wird dir sofort wärmer. Auch Kiefernzweige eignen sich.

Wie schon erwähnt, hängen sich Schneeflocken an deine Sachen und durchnässen sie. Bürste Schnee und Eis sorgfältig ab, ehe du in deine Unterkunft kriechst. Setze und lehne dich nie direkt an oder auf eine Schneefläche.

Zieh dein oberstes Kleidungsstück aus und hänge es dir lose um die Schultern, ohne die Arme in die Ärmel zu stecken. Dann knöpfe es vorne zu. Das umhüllt dich mit einer Schicht warmer Luft, die dein eigener Körper ausstrahlt.

Lockere alles, was an deiner Kleidung zu eng ist: Schnürsenkel, Hosenbund, Kragen. Alles, was drückt und preßt, behindert deine Blutzirkulation.

Papiertüten, gefüllt mit Heu, Stroh, Gras, Farn oder sonst etwas Trockenem, sind gute Ersatzhandschuhe.

Dreh den Pullover verkehrt herum, so daß die Rückseite deine Kehle bedeckt und der V-förmige Ausschnitt hinten ist, wo deine Jacke dich schützt.

Stopfe Hemd, Pullover und Jacke vorne in die Unterhosen und knöpfe darüber die Hose zu. Aber zieh den Gürtel nicht zu stark an. Mit all diesen Tricks speicherst du deine Körperwärme.

Jetzt noch eine Übung für »knallharte Männer«, die in der Nähe ihres Hauses einen Bach oder Tümpel haben. Nach dieser Übung fühlt man sich, als hätte man eiskalt geduscht und sich hinterher gut abfrottiert. Man glüht am ganzen Körper. (Du brauchst diese Übung aber nicht zu machen. Sie wird hier nur darum erwähnt, damit du weißt, was du machen mußt, wenn du im Winter ins Wasser fällst oder beim Schlittschuhlaufen einbrichst.)

Zieh lauter wollenes Zeug an: Hose, Wollhemd und ein, zwei Pullover oder Jacken und spring damit ins Wasser, so daß sich die Kleider vollsaugen. Spring schnell wieder raus und wirf dich am Ufer in den Schnee. Roll dich, noch immer mit allen Sachen, mehrmals hin und her, bis dir warm wird. Es ist nicht nur die eigene Anstrengung, durch die du warm wirst. Der Schnee hilft, die Feuchtigkeit in der Kleidung aufzusaugen, und trocknet dich. Wenn du von Zeit zu Zeit aufspringst und hüpfst und dabei feuchte Schneeklumpen, die an dir kleben, abwirfst, erwärmst du dich weiter. Immer wenn du dich wieder hinwirfst, such dir frische Stellen im Schnee aus. Diese Übung wurde von Piloten erfunden, die eine Bruchlandung in der Arktis machten und das Pech hatten, daß ihr Fallschirm im Wasser runterging. Es ist die einzige wirklich funktionierende Möglichkeit, einer Erkältung, Lungenentzündung oder noch ärgerem vorzubeugen, wenn man im Winter in eiskaltes Wasser fällt und nicht gleich mit Fliedertee ins Bett kann. In nasser Kleidung im kalten Wind herumzustehen oder eine größere Strecke zu laufen, hat unweigerlich schwerste Frostschäden und Hypothermie zur Folge.

Kleinere Frostschäden kann man, ehe sie wirklich tief wirken, zur Not selbst behandeln. Besser ist es aber, zum Arzt zu gehen. Erfrierungen im frühesten Anfangsstadium merkt man daran, daß ein Körperteil sich taub anfühlt und die Haut wächsern aussieht.

Bist du zum Beispiel mehrere Stunden lang in zu eng geschnürten Stiefeln durch den Schnee gegangen – dann haben sie deine Blutzirkulation abgeschnürt, und jetzt hast du Frostbeulen. Wenn du mit zu leichtem Schuhwerk einen langen, verschneiten Weg gegangen bist, hast du dir vermutlich die Zehen angefroren, eine Folge deines Leichtsinns. Ist dir zu lange ein eisiger Wind aus immer gleicher Richtung ins Gesicht geweht, werden einige Hautpartien wahrscheinlich schon von Frost befallen sein. *Hier einige Maßnahmen für die Erste Hilfe bei Erfrierungen:* Reiben der betroffenen Körperpartie mit kalten, wollenen Kleidungsstücken. Anlehnen des erfrorenen Gliedes an den warmen Körper; aktive Bewegungen aller Glieder. Tritt innerhalb von 10 Minuten keine Besserung ein, rasch geheizten Raum aufsuchen: Man tauche den erfrorenen Körperteil in kaltes Wasser ($+6$ bis $+10°C$), reibe mit weichem Tuch herzwärts, beseitige damit das eventuell vorhandene Eis, reinige die erfrorene Stelle und steigere fortlaufend, innerhalb einer halben Stunde, die Wassertemperatur auf 38 bis $40°C$ (nicht höher), unterdessen fortlaufend aktive Bewegungen. Nach dem Auftauen: Hochlagerung des erfrorenen Teils bei Zimmertemperatur in Wolle oder Watte. Blasen bleiben ungeöffnet. Trokkene, keimfreie Wundbedeckung.

Warnung: Niemals dürfen frostverdächtige Stellen mit Benzin, Methylalkohol oder Paraffin behandelt werden. Man darf sie niemals direkter Wärme aussetzen, also nicht ans Feuer, an einen Ofen, eine Kerze oder in heißes Wasser halten.

Wenn du das Gefühl hast, daß du dir irgendeinen Körperteil erfroren hast, gehe bitte sofort und unter allen Umständen zum Arzt! Besser du bist umsonst hingegangen, als wenn dir später ein Ohr oder eine Zehe abgenommen werden muß. Mit Frostschäden ist wirklich nicht zu spaßen. Von der Unterkühlung des ganzen Menschen, medizinisch Hypothermie genannt, sprechen wir am Schluß des Buches.

5. Noch mehr über das Survival-Training auf festem Land

Im letzten Kapitel war davon die Rede, was man im Freien zu tun hat, wenn es bei einem Katastrophenfall zunächst einmal auf Unterkunft und Wärme ankommt. Man kann aber in eine ganze Menge äußerst böser Situationen geraten, wo ganz anderes nötig wird, und auch dann muß man natürlich *sachgerecht und schnell handeln* können. Gerade wenn es auf Schnelligkeit ankommt, muß man schon vorher theoretisch wissen, was zu tun ist. Jeder Rennfahrer lernt durch Herumreißen des Steuers, Sekundenbruchteile vor einem möglichen Zusammenstoß auszuweichen. Auch Fixigkeit kann man trainieren.

In welcher Schutzhütte du dich auch befinden magst, ob im Zelt oder in einem Notbiwak im Schnee, du mußt *schnell* heraus, wenn die Ventilation versagt. In keinem Notquartier darfst du geruhsam sitzen bleiben, ohne diesen Punkt überprüft zu haben. Hier droht unter Umständen tödliche Gefahr; zum Beispiel, wenn dein Ofen in einem geschlossenen Zelt weiterbrennt und sich Kohlenmonoxyd, ein unsichtbares, nicht riechendes, aber stark giftiges Gas bildet, das benommen und schläfrig macht. Schon mancher Camper ist gestorben, weil er sich nicht vergewisserte, ob sein Zelt zwei Öffnungen hatte, durch die frische Luft ein- und wieder ausströmen konnte. Wenn man sich nach einer anstrengenden Tagestour abends im Zelt etwas kocht, ist es leicht möglich, die Müdigkeit, die eigentlich vom Kohlenmonoxyd verursacht wird, aufs Klettern oder Paddeln zurückzuführen. Wenn man dann – noch dazu bei schlechtem Wetter – den Reißverschluß des Zeltes fest zuzieht und einschläft, ist es leicht passiert, daß man nicht wieder aufwacht. Es gibt – außer übergroßer Müdigkeit – noch ein anderes Anzeichen für Kohlenmonoxyd. Brennt der Kocher mit *gelber* Flamme, reiß die Tür auf, so schnell du kannst. Nur die *blaue* Flamme ist in Ordnung und ungefährlich. Diese Warnung gilt beileibe nicht nur für Camper. In jedem engen Raum kann sich Kohlenmonoxyd bilden.

Blitzschlag

Es ist nicht nötig, bei einem Gewitter sämtliche metallenen Ausrüstungsgegenstände wegzuwerfen: Eispickel, Karabiner, Steigeisen oder sogar den Rucksack. Sie ziehen den Blitz auch nicht stärker an als du selbst, und du kannst dich später in ernsthafte Schwierigkeiten bringen, wenn du wichtiges Gerät wegwirfst.

Allerdings gibt es ein paar Stellen, die man bei Gewitter besser meidet und andere, wo man so gut wie sicher ist. Es kann nichts schaden, wenn du sie dir merkst.

Wenn es ringsum blitzt und donnert, stelle dich

nicht
unter Eichen, Pappeln oder Ulmen, weil in diesen Bäumen, wenn der Blitz in sie einschlägt, der Saft explodiert;

nicht
irgendwohin, wo du der höchste Punkt in der Landschaft bist, also etwa mitten auf ein Feld. Wenn der Donner wenige Sekunden nach dem Blitz kracht, wird es dort ziemlich ungemütlich (Du weißt ja, wenn du nach einem Blitz mäßig rasch zählst und die so ermittelten Sekunden bis zum Donnerschlag durch drei teilst, erhältst du die Kilometerzahl der Entfernung, wo es eingeschlagen hat.);

nicht
unter einen einzelnen Baum, ganz gleich wie hoch er ist. Auch nicht unter oder neben andere hohe Objekte, denn auch Überlandmasten oder Türme ziehen den Blitz an;

nicht
in den Eingang von Höhlen oder Tunnels. Sie ziehen ebenfalls den Blitz an, weil die Luft im Höhleneingang ionisiert ist;

nicht
auf Gebirgskämme und Grate;

nicht
an Steilhänge, Felsnasen und Felsspalten. Auch wenn es dir im Moment so vorkommt, als seien sie ein prima Unterschlupf. Hockst du dich unter den Vorsprung einer Felswand, bist du in Lebensgefahr. Der Blitz kann den Rand des Überhanges treffen und setzt sich danach automatisch in einer Art Lichtbogen zum darunterliegenden Erdboden fort. Du befändest dich sozusagen mitten in einer gigantischen Zündkerze. Suche also bitte nicht Schutz unter einem verlockend aussehenden »Felsdach«.

Gehe jedoch
in den dichten Wald hinein, wo alle Bäume mehr oder minder gleich hoch sind. Es müßte schon mit dem Teufel zugehen, wenn ausgerechnet der Baum getroffen würde, unter dem du gerade Schutz suchst.

Setze dich
in ein Auto. Die metallene Oberfläche verteilt den Blitz und lenkt ihn, ohne daß er Schaden anrichten kann, in die Erde.

Begib dich
ins Innere eines Gebäudes. Alle festen Häuser haben heute Blitzableiter. Wenn das Gebäude aber ein Heustadel oder Schuppen ist, achte darauf, daß es nicht höher ist als die Gebäude oder Bäume ringsum. Ist es höher, bleib auf jeden Fall draußen.

Lege dich
mitten auf freiem Feld auf den Bauch, wenn dich das Gewitter

überrascht. Steh nicht selber wie ein einzelner Baum mitten in der Landschaft.

Lege (oder setze) dich
an einen Berghang unterhalb des Bergkamms oder -gipfels – in respektvoller Entfernung von Felswänden. Zieh die Knie an, leg die Hände in den Schoß. Wenn es geht, hock dich auf die Fußballen, sofern du Schuhe mit Gummisohlen trägst. Mach dir keine Sorgen, wenn dein Eispickel anfängt zu surren, dir die Haare zu Berge stehen, deine Augenbrauen kribbeln und vor dir bläuliche Funken über den Boden zucken. Solange du flach liegen bleibst, wird dich nach menschlichem Ermessen der Blitz auch dann nicht treffen, wenn ringsumher alles hochgradig elektrisch geladen ist.

Wenn es aufs Klettern ankommt

Du kannst in Lagen geraten, in denen schnelles Klettern überlebensnotwendig ist. Angenommen, du mußt höher auf ein Riff hinauf, weil die Flutwelle, die mit großem Tempo auf den

Traversieren über eine Mauer

Strand zuläuft, dich sonst zerschmettert. Angenommen, du mußt über eine nasse, glitschige Steinplatte, die dir im Hochgebirge den Weg versperrt, oder müßtest bei einbrechender Dunkelheit einen vereisten Hang wieder hinauf, den du bereits hinabgerutscht bist, ohne dich zu verletzen. In solchen Situationen bleibt dir oft wenig oder gar keine Zeit.

Die nachstehend beschriebenen Kletterübungen werden dir zeigen, worauf es beim Klettern ankommt und wie geschickt oder ungeschickt du dich dabei anstellst. Sie trainieren deine Körperkräfte, stärken dein Selbstvertrauen und machen außerdem noch Spaß.

Such dir eine niedrige Mauer aus Steinen oder Ziegeln, etwa eine Gartenmauer. Zieh dir Schuhe mit Gummisohlen, Tennis- oder Trainingsschuhe an, und schon bist du ausgerüstet.

Nein, du sollst jetzt nicht die Mauer von unten nach oben erklettern, das wäre viel zu gefährlich. Klettere etwa einen Meter vom Boden hinauf, nicht mehr, und danach seitwärts weiter, die Mauer entlang, nach rechts oder links. Der Sinn dieser Übung ist es, daß du lernst, dich an einer Mauer nach allen Seiten hin zu bewegen, ohne den Boden zu berühren. Der Bergsteiger würde *traversieren* sagen. Zunächst wirst du selbstverständlich kleinere Stürze in Kauf nehmen müssen, weil deine Füße oder Finger abrutschen und den Halt verlieren; aber du bist so dicht über dem Boden, daß du jederzeit abspringen kannst, ohne dir Schaden zu tun.

Vergiß bitte nicht: Hier kommt es auf Schnelligkeit an. Du

Klettergriffe

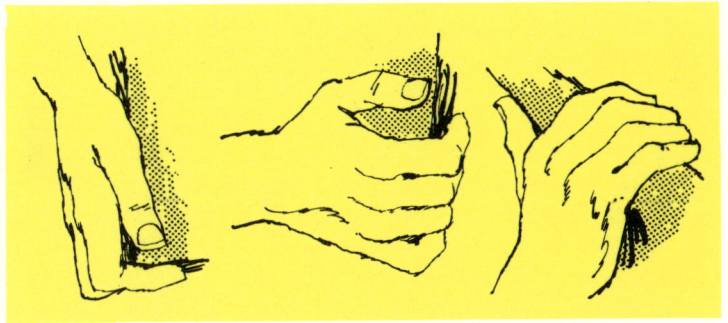

übst nicht Klettern um des Kletterns willen. Du testest dich für den Fall, daß du so schnell und so weit wie möglich von einer bestimmten Stelle weg mußt. Nimm die Uhr zu Hilfe und stoppe deine Zeiten; klettere mit einem Kameraden um die Wette. Solange du dicht über dem Boden bleibst, kann dir nichts passieren. Du lernst auf diese Weise, welche verschiedenartigen Hand- und Fußstützen, die du anfangs kaum wahrnimmst, an einer Steinmauer vorhanden sind.

Die Kanten deiner Schuhsohlen sind auf den schmalsten, vorspringenden Gesimsen nur dann brauchbar, wenn du *sehen* kannst, wohin du die Füße setzt. Kletterer benutzen meist die äußere Kante des großen Zehs. Du mußt lernen, einem nahezu unsichtbaren Halt zu trauen und dich dann auf deine Beinarbeit verlassen. Das läßt sich trainieren. Die Fersen immer gut nach unten drücken. Verlagere dein Körpergewicht erst dann auf die Beine, wenn du sicher bist, daß du richtigen Halt hast, dann aber tritt fest auf. Beim Klettern kommt es weniger auf den Bizeps als auf gute Beinmuskulatur an. Deine Hände und Arme sind nur dazu da, dich im Gleichgewicht zu halten, während du dich auf die Füße stützt. Wenn du nach Griffen für die Hände suchst, riskierst du, daß du sehr bald mit weitgespreizten Armen und Beinen an der Mauer klebst – und weder hinauf- noch hinunterkannst. Du mußt sozusagen mit den Füßen zuerst denken und überall einen festen Stand suchen.

Doch brauchen natürlich auch die Hände einen Halt: mit Untergriff, Seitengriff, Andruckgriff und dem Griff in eine Rinne. Auf der Abbildung siehst du, wie du dich mit Hilfe dieser Griffe weiterhangeln kannst.

Die Übung und Routine, die du allmählich bekommst, darfst du auf gar keinen Fall *ohne Seil* irgendwo in einer Felswand anwenden. Und wenn es in den Ferien am Meer noch so verlockend ist, in einem Felsen über dem Strand herumzukraxeln: Bitte laß es bleiben! Jedes Jahr stürzen am Mittelmeer unzählige Leute bei solchen Versuchen ab, verunglücken oder müssen von der Küstenwache geborgen werden, weil sie zwar rauf-, aber nicht wieder runterkommen.

Wenn du ernstlich am Klettern interessiert bist, nimm an einem Kursus teil, werde Mitglied bei einem Bergsteigerverein und lerne es richtig, mit Nylonseil und anderem unerläßlichen Zubehör.

Die hier vorgeschlagenen Übungen aber kannst du zu Hause machen, um dir die Grundbegriffe anzueignen und dich im Notfall aus einer mißlichen Lage zu befreien. Sie sollen kein Freibrief sein für sinnlos waghalsige Kunststücke.

Wie man am Stein besseren Halt findet

Warte einen Regentag ab und versuche dann noch einmal, die Mauer dicht über dem Boden entlangzuklettern, wieder in Schuhen mit Gummisohle. Diesmal geht es viel schwerer! Die Füße rutschen von jedem Vorsprung ab, du verlierst immer wieder den Halt.

Dasselbe kann dir auch im Ernstfall passieren. Möglicherweise mußt du einmal im Gebirge einen glitschigen Felsen überqueren, um auf die andere Seite zu gelangen. Sobald es regnet, wird bemooster, flechtenbewachsener Stein so glatt, als wäre er eingeölt. Versuche diesmal deine Kletterrunde an der Mauer in Strümpfen. Es tut zwar ein bißchen weh an den Zehen, aber du hast damit trotzdem weit besseren Halt. Und nun versuche, über die Schuhe mit den Gummisohlen ein Paar alter Wollsocken zu ziehen. Das geht noch besser. Und doch ist ein Risiko dabei. Achte immer darauf – besonders im Ernstfall –, daß du dir nicht unter den Schuhen Löcher in die Socken gescheuert hast. Die Gefahr ist, daß du auf den Schutz der Wollsocken vertraust, in Wirklichkeit aber – mindestens teilweise – auf rutschigen Gummisohlen stehst.

Wie man einen Hang hinunterrutscht

Das läßt sich gut üben, jedoch nur auf einer Wiese, in einem Park oder dergleichen, wo der Hang frei von Steinen ist und am unteren Ende in eine sanft geneigte, gefahrlose Fläche ausläuft, die nicht an einer befahrenen Straße endet. Übe nie an Steilhängen in unebenem, unübersichtlichem Gelände, ohne Sachkenntnis und Ausrüstung.

Auf einem Parkhügel bei hartgefrorenem Schnee kann dir nicht viel passieren. Das ist genau der richtige Platz für Mutproben. Durch sie bekommst du Übung, die dir im Ernstfall nützlich sein wird. Stell dir vor: Du fährst in einem Auto über die Kuppe eines verschneiten Passes. Der Fahrer verliert die Gewalt über das Fahrzeug, es überschlägt sich und rutscht hundert Meter bergab. Alle haben diesen Unfall unverletzt überstanden. Nach Überwindung des ersten Schocks ist es nötig, den verharschten Hang wieder hinaufzuklettern. Wer ungeübt ist, rutscht immer wieder ab und kann sich dabei ernsthaft verletzen. (Aber man braucht noch nicht einmal an einen so dramatischen Vorfall zu denken. Im Winter im Gebirge gibt es unzählige Ursachen, ungewollt einen Hang hinunterzurutschen.) Was ist zu tun?

Das Hinunterrutschen muß geübt werden, denn dabei lernst du Wesentliches über das richtige Verhalten auf verschneiten, geneigten Flächen. Es kommt darauf an, das Gleichgewicht zu bewahren! Anfangs ist auf einem solchen Hang das Stehenbleiben genauso schwer wie das Balancieren über ein Hochseil: der Körper neigt sich mit seinem ganzen Gewicht entweder nach der einen oder nach der anderen Seite. Aber wenn du mehrfach gemacht hast, was erfahrene Bergsteiger eine *Glissade* nennen, wirst du dich darin immer mehr vervollkommnen, traust dir mehr zu und wirst schließlich auch in dieser ungewohnten Lage aufrecht stehenbleiben können.

Nimm beliebige Stiefel mit Gummisohlen oder auch einfach nur hohe Stiefel – das ist für Übungen auf ungefährlichen Hängen genug. Ein Hilfsmittel jedoch mußt du dir unbedingt anschaffen: einen Eispickel. Wenn du dir keinen kaufen willst oder leihen kannst, such dir einen Ersatz, zum Beispiel einen dicken, gegabelten Ast. Eine der beiden Gabelzinken sollte sich nach unten neigen wie der Spund eines Sodawasser-Syphons, und zwar nur wenige Zentimeter vor dem Ende des Astes. Schau nach, ob der Ast noch »lebt«. Wenn er dürr ist, zerbricht er dir bei der ersten Gelegenheit.

Stell dich oben auf den Abhang. Stelle beide Füße so nebeneinander, als stündest du auf Skiern. Drücke die Fußsohlen fest in den Schnee und schiebe langsam die Kappe des einen Stiefels ein bißchen weiter nach vorn als die des anderen. Wenn du jetzt beide Kappen ein bißchen abwärts richtest und der Schnee hart genug gefroren ist, kommst du ins Rutschen.

Und was machst du mit dem Eispickel? Du hältst ihn quer vor den Körper, die Gabel (bei einem richtigen Eispickel die Spitze oder den »Dorn«) in der einen Hand, nach unten zeigend. Der Daumen muß um den Stiel des Eispickels liegen, unmittelbar oberhalb der Gabel; die andere Hand soll den Stiel weiter unten umfassen, dessen »unbewehrtes« Ende leicht im Schnee schleifen darf. Wenn du schneller zu gleiten beginnst, denke daran, die Knie immer etwas gebeugt zu halten. Verlagere dein Gewicht auf den weiter vorne stehenden Stiefel. Jetzt kannst du anfangen, Bögen zu gleiten. Du schiebst einfach den anderen Stiefel vor und verlagerst dein Gewicht. Wenn du dich über deinen Eispickel beugst wie ein Kanufahrer über sein Paddel, kannst du mit ihm steuern, je nach der Richtung, in die du willst.

Zum Bremsen treibst du die Spitze des Eispickels oder Astes – und beide Stiefelabsätze – einfach in den Schnee. Wenn du die Absätze alleine benutzt und den Pickel vergißt, wirst du hinstürzen und unaufhaltsam weiterrutschen.

Folgende Übung lehrt dich, blitzschnell zu bremsen. Sie klappt aber nur, wenn du deinen Eispickel immer mit der Spitze nach unten – wie beschrieben – vor dir herträgst.

Befindest du dich ohne Eispickel auf einem steilen, verharschten Schneehang, bist du in einer schlimmen Lage. Der Eispickel wirkt beim Fallen wie eine Art Schleppanker. Hast du kein solches Werkzeug, verschaffe es dir unbedingt. Entweder nimmst du einen Ast, wie oben beschrieben, oder du suchst dir etwas, das eine scharfe Kante hat und sich wie ein Keil in den Schnee treiben läßt, wenn du ins Rutschen kommst. Das kann ein spitzer Stein sein; sogar dein Schlüsselbund ist besser als nichts, wenn du es so in die Hand nimmst, daß der größte Schlüssel dabei aus deiner geballten Faust hervorragt. – Kurz gesagt, es muß etwas sein, das sich in den Schnee bohren läßt und deinen Schwung bremst.

Es gibt richtige und falsche Methoden, den Eispickel in den Schnee zu stoßen. Am besten probierst du sie selber aus und findest die richtigen heraus. Rutsche einen Steilhang hinunter, laß dich absichtlich ins Trudeln kommen und wirf dich sofort in den Schnee. Wenn du einen Anorak oder Parka aus Nylon anhast, so ist das nur günstig, denn glatte Kleidungsstücke steigern dein Rutschtempo noch mehr. Auf einem ungefährlichen Hang macht das nichts aus. Im Gegenteil, der Test soll dir ja zeigen, wie groß das Tempo im Ernstfall ist. Bei den ersten Versuchen wirst du wahrscheinlich x-mal bis an den Fuß des Abhangs schliddern, weil du den richtigen Bremsdreh noch nicht rausgefunden hast. Aber wenn dir erst mehrere »Notbremsungen« gelungen sind, wirst du es künftig immer schaffen, auch in tiefem Schnee sofort anzuhalten.

Vor allem halte deinen Eispickel richtig, ehe du dich gleiten läßt. Es kann nicht oft genug gesagt werden, daß die Spitze immer nach unten weisen muß. Davon hängt alles ab. Nur wenn du einen Schneehang hinaufsteigst oder ihn querst, halte den Eispickel wie einen Spazierstock – das heißt, nimm den Metallteil als Krücke. In diesem Fall muß der Stachel nach hinten zeigen, nie nach vorn. Der Grund ist, wenn man darüber nachdenkt, ganz klar. Wenn du plötzlich ausrutschst oder der Schnee unter dir einbricht und du mit einer kleinen Lawine zu Tal rollst, greift die andere Hand automatisch nach dem Stiel des Eispickels und du hast ihn – mit dem Stachel nach unten – sofort in der richtigen Bremshaltung.

Probier das sofort aus. Während du bergab gleitest und dich auf den Bauch herumgeworfen hast, umgreife gleichzeitig mit der einen Hand fest den Schaft des Eispickels, mit der anderen seinen Kopf und bohre den Stachel in den Schnee. Dein Körpergewicht sollte nun unmittelbar oberhalb des Stachels auf den Eispickel drücken, während die Hände ihn in Brusthöhe unter dem Körper festhalten. Das Zusammenwirken deines Gewichts und der Druck auf den Stachel wird dich überraschend schnell bremsen. Mitunter sogar derartig schnell, daß dir dabei der Eispickel aus der Hand gerissen wird. Das mußt du unbedingt vermeiden. Du darfst den Eispickel niemals loslassen! Es muß eine instinktive Reaktion werden, daß du dich bei tiefem Schnee immer und überall an ihn klammerst. Du solltest so lange »bremsen« üben, bis dir dein Eispickel zur Selbstverständlichkeit und unentbehrlich geworden ist. Wenn du soweit bist, kannst du in verschiedenen Lagen Bremsversuche machen.

Leg dich mit dem Kopf hangabwärts am oberen Rand auf den Bauch und laß dich von einem Kameraden anschieben. Schwenke während der Talfahrt beide Beine hangabwärts und bohre dabei den Stachel in den Hang. Du mußt den Eispickel schon in der richtigen Lage vor der Brust tragen, ehe dein Kamerad dir den Anstoß gibt. Auch dann ist es kein Kinderspiel, sich wieder in die richtige Position zu bringen, denn bei einer sausenden Talfahrt im Schnee kann man sehr leicht die Orientierung »oben–unten« verlieren.

Rutsche mit dem Kopf nach unten bergab, halte dabei den Eispickel oberhalb der Schneedecke, bis du Tempo hast, dann erst treibe den Eisstachel in den Schnee. Sobald der Stachel zu greifen beginnt, laß Körper und Beine herumpendeln, bis du mit den Beinen bergab liegst. Nun belaste den Eispickel mit dem ganzen Körpergewicht und rolle dich so herum, daß du flach und ausgestreckt auf dem Schnee liegst. Die untere Faust muß sich tief in den Schnee drücken. (Auf der Zeichnung ist die Faust erst auf halbem Wege, weil der Junge gerade erst mit dem Wendemanöver beginnt.)

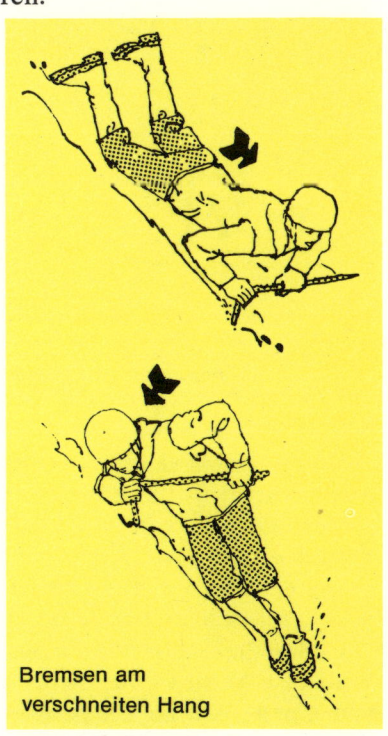

Bremsen am verschneiten Hang

Wie man ein schlüpfriges Tau hinaufklettert

Solange du schwache Arme hast und dir das Seilklettern schwerfällt, kommt dir jedes Tau glatt vor. Doch selbst wenn du der beste Turner der Klasse bist, wird das Seil an dem Tag, an dem du in einer Notlage ein Seil erklimmen mußt, bestimmt nicht so dick, fest und griffig sein wie das in der Turnhalle. Es wird sich vielmehr anfühlen wie eine eingefettete Rutschstange. Aber hinauf mußt du dann!

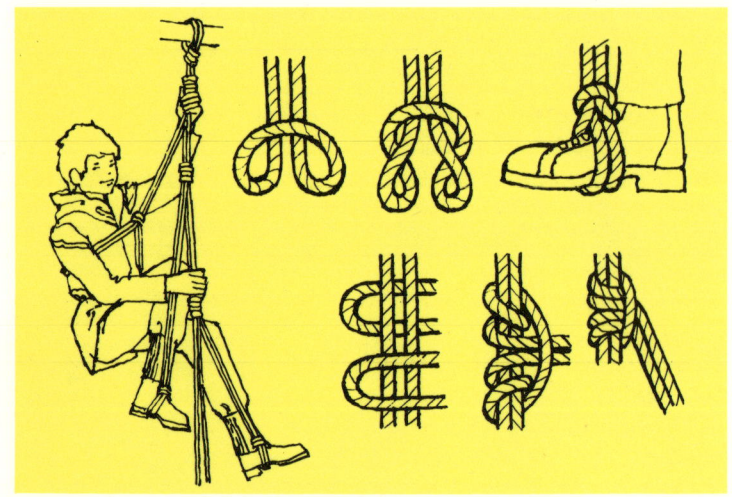

Seilklettern mit dem Prusik-Klemmknoten

Und das schaffst du auch (egal, ob du ein guter oder weniger guter Turner bist!), und zwar mit einer Methode, die du üben solltest, denn du kannst nie wissen, wann du sie brauchst. Sie beruht auf dem sogenannten Prusik-Klemmknoten, den man an einem Seil entlangschieben kann, solange nichts daran hängt, der sich aber sofort festzieht, wenn er beschwert wird. Die Abbildung zeigt, wie du mit drei kurzen Seilschlingen – jeweils eine für den Oberkörper und die beiden Füße – ein frei von einem Ast herabbaumelndes Seil hinaufkommst. (Die Schlingen müssen kürzer sein als das Hauptseil.) Aber bitte laß dich warnen! Du kannst in eurem Hof mit jedem intakten, brauchbaren Seil üben. An Felswänden jedoch, bei denen du mehr als zwei Meter über dem Boden hängst, darfst du es nur mit einem geeigneten Nylonseil und unter Aufsicht eines erfahrenen Kletterers und Bergsteigers probieren.

Survival für Höhlenfahrer

Das Höhlenwandern (oder fachmännisch besser »Höhlenfahren«) erfreut sich auch bei uns zunehmender Beliebtheit. Obwohl das Herumkriechen in einer Höhle das genaue Gegenteil vom Klettern ist, gibt es doch dabei ähnliche Situationen. Wirst du beispielsweise in einer Höhle von steigendem Wasser eingeschlossen und mußt auf eine Galerie an der Decke hinauf, werden dir sämtliche bei den Kletterübungen erlernten Tricks zugute kommen. Einströmendes Wasser ist nicht die häufigste Gefahr. In leicht zugänglichen Höhlen kommt ein solcher Wassereinbruch verhältnismäßig selten vor, und in kompliziertere unterirdische Höhlensysteme kannst du sowieso nur in Gesellschaft erfahrener Höhlenforscher, die sich natürlich in solchen Fällen zu helfen wissen. Weit häufiger ist der Verlust der Taschenlampe oder sonstiger Lichtquellen, oder du hast dich in eine enge Passage vorgewagt und bleibst darin stecken.

Folgende Übungen können dir zwar nichts schaden, aber wenn du sie einmal anwenden mußt, dann deshalb, weil du leichtsinnig gehandelt hast. Die erste und wichtigste Regel für das Höhlenfahren lautet nämlich: *Niemals allein.* Darum schließe dich einem der Höhlenclubs an, die es jetzt auch in der Bundesrepublik gibt. Sie organisieren eine Menge fabelhaft interessanter Unternehmungen im In- und Ausland und bilden ihre Mitglieder dafür aus. Obwohl dir bei dieser Art des Höhlenfahrens also gar nichts passieren kann, für den Fall der Fälle ein paar Tips:

Ist dein Kerzenvorrat erschöpft, deine Batterie leer, deine Taschenlampenbirne zerbrochen, so gewöhne zunächst deine Augen an die Finsternis. In einer Höhle, deren Eingang gleich hinter dem nächsten Felsvorsprung liegt, wirst du nach einer Weile auch Licht wahrnehmen können. Das ist in einem völlig verdunkelten Zimmer leicht nachzuprüfen. Du wirst jeden Lichtschimmer sehen, der irgendwo durch einen Spalt eindringt.

Löse das Blitzlicht deiner Fotoausrüstung aus. (Es kann nicht schaden, ein, zwei Blitze als Reserve zu deiner Höhlenausrüstung zu packen.) Achte darauf, wie lange das Bild des Raumes nach dem Aufblitzen auf deiner Netzhaut verbleibt. Präge es deinem Gedächtnis so ein, daß du nun durch die Finsternis rasch von Punkt A nach Punkt B findest. Achte ganz besonders auf die Beschaffenheit des Bodens, auf Löcher, Stufen, Spalten oder sogar tiefes Wasser.

Verbrauche nur wenige Streichhölzer (etwa so viele, wie sich in deinem Füllfeder-Survival-Kit befinden). Zünde sie nacheinander an und verbrenne dabei jedesmal ein Stückchen alten Stoff. Probiere aus, welche Stoffe am besten brennen. Bestimmt nicht etwa Pullover, die in unterirdischen Höhlen Feuchtigkeit angezogen haben. Halte den Stoff an zwei Fingern hoch und zünde ihn am abhängenden Ende an. Brennt er zu schnell ab, hebe das brennende Ende mit einem Stein an, damit sich der Brennvorgang verlangsamt und du länger Beleuchtung hast. Drehe Papierfetzen zu ganz festen Röllchen zusammen, etwa von der Dicke stabilen Zaundrahts. Du fängst am besten damit an, indem du mit benetztem Daumen und Zeigefinger immer wieder über eine Ecke des Papiers streichst; danach läßt es sich schräg und eng zusammenrollen. Zünde es mit einem Streichholz an und beobachte, wie lange es brennt. Sitzt du wirklich in einer dunklen Höhle fest, wird jedes vorhandene Papier herhalten müssen, um Feuer zu machen, notfalls sogar Papiergeld.

Wie befreit man sich aus einer echten »Klemme«?

Stell dir vor, du bleibst in quälender Enge in einem unterirdischen Gang stecken. Um das auszuprobieren, brauchst du nur mit dem Kopf zuerst unter ein sehr niedriges Bett oder eine Couch zu kriechen. Bitte einen Freund, aus Kleidungsstücken, Gürteln usw. eine Leine mit einer Schlinge am Ende zu knüpfen. Denke daran, daß du dich im Ernstfall nicht rühren kannst. Laß dir nun die Schlinge über einen Fuß streifen. Sobald du das abgewinkelte Bein streckst, wirst du merken, daß du – trotz der Fesselung – allein durch Muskelbewegung vorwärtskommst, wenn auch schwer und langsam. Zum Beweis soll der Kamerad die Leine immer wieder ein Stück nachlassen. Du siehst: Wenn du die Muskeln allein bewegst, kommst du durch die engste Spalte. Wenn du dich mit dem ganzen Körper abstrampelst und dabei noch zitterst, bleibst du stecken. Auch bei dieser Übung ist Eile geboten, denn in Angst und Aufregung schwillt der Körper an und macht eine Befreiung unmöglich. Mit den Armen allein zu ziehen, wirkt sich übrigens auch ungünstig aus. Der Körper wird um den Schultergürtel herum zu stark verspannt. Besser ist es, sich mit den Beinen abzustoßen.

Die Gefahr, lebendig begraben zu werden

In eine Höhle kriecht man freiwillig. Was aber, wenn man *unfreiwillig* in die Erde hineingesaugt, gezogen oder sogar lebendig begraben wird? So etwas kann zum Beispiel im Moor oder im Treibsand durchaus passieren.

Um die richtigen Survival-Methoden auszuprobieren, benutze für deine Übungen kleine Sanddünen, Kieshaufen, Sägemehlhaufen – die alle insofern echtem Morast gleichen, als sie den Körper versinken lassen. Echte Gefahr droht dir von Schlick und Watt, Morast, Moor, Sumpf, Torfbruch und jenen Gebieten in der Heide, wo Büschel von hellgrünem Gras und Binsen wachsen. Überall da, wo du solche Büschel in einiger Entfernung voneinander stehen siehst – *größte Vorsicht!*

Stellen wir uns also den Ernstfall vor: Du sinkst ein, zunächst bis über die Knie und dann noch tiefer.

Versuche dabei nie, aufrecht stehenzubleiben. Das wäre unsinnig. Während du das eingesunkene Bein herauszuziehen versuchst, versinkst du mit dem anderen um so tiefer. Biete stattdessen dem Morast einen möglichst großflächigen Widerstand – nämlich mit dem ganzen Körper. Versuche, auf die Knie zu sinken und deinen Mantel unter dir auszubreiten, das hilft bereits. Du kannst auch auf den eigenen Rucksack treten. Du muß ihn auf jeden Fall sofort abwerfen und ihn möglichst unter dich bekommen.

Beeile dich! Wirf dich flach auf den Bauch oder Rücken, wenn du spürst, daß deine Beine einsinken. Fang an, Schwimmbewegungen zu machen. Roll dich herum, krümme den ganzen Körper, um die Beine durch Stoßen freizubekommen, und gib nicht auf, ehe nicht deine Füße tatsächlich frei sind. Dann schwimm in Kraul- oder Rückenlage (je nachdem, auf welche Seite du dich hast herumwälzen können) oder krieche an festes Land.

Bleibe ruhig! Es sind schon unzählige Menschen durch Schwimmen und Kriechen aus Morast wieder herausgekommen. Werde nicht ängstlich und hastig! Je mehr du strampelst und je sinnloser du dich bewegst, desto schneller versinkst du.

Lawinen

Vermeide das Betreten oder Durchqueren von Neuschnee oder windverharschtem Schnee auf harter, fester Unterlage an Hängen, insbesondere bei Rinnen. So gehst du der Gefahr, Opfer einer Lawine oder eines abgehenden Schneebrettes zu werden, aus dem Wege. Das ist allerdings einfacher gesagt als getan.

Das Risiko läßt sich zum Beispiel für Skifahrer und Bergwanderer nicht immer ganz vermeiden. Du überquerst vielleicht gerade auf Skiern einen Hang, gehst zu Fuß eine Paßstraße entlang oder durchkletterst eine Felsspalte, wenn eine Lawine dich ohne Vorwarnung mitreißt und innerhalb von Sekunden unter sich begräbt. Lawinenunglücke nehmen außerdem immer mehr zu, auch in Ländern, wo man das vor wenigen Jahren noch für unmöglich gehalten hätte.

Bleibt dir überhaupt eine Chance, etwas zu unternehmen? Nun, es ist bestimmt besser, etwas zu versuchen, als überhaupt nichts zu tun. Denke immer daran, wie viele Lawinenopfer *lebend* wieder ausgegraben werden, und tu das wenige, das du auch in dieser Lage tun kannst.

Survival-Übungen für den Fall eines Lawinenunglücks setzen ein, ehe dir der Schnee über dem Kopf zusammenschlägt und dich unter sich begräbt. Auch hier ist vorbeugen besser! Sei immer auf Lawinen vorbereitet! Meide Hänge, die verdächtig sind. Berechne aber auch bei solchen, die dir sicher erscheinen, den besten Fluchtweg, um dich rasch zu retten, wenn wider Erwarten doch Schneemassen in Bewegung geraten sollten. Lokkere deine Skibindungen, nimm die Hände aus den Schlaufen der Skistöcke oder vom Stiel des Eispickels. Wenn sich eine Lawine löst, mußt du das alles loslassen und verlorengeben.

Ist eine Felseninsel da, an die du dich klammern kannst, so versuche, dich festzuhalten, solange es geht. Je mehr Schnee gleich anfangs stürzt, desto weniger wird folgen, der dich später begraben könnte. Wenn du aber bereits rutschst, versuche schnelle, kurze Rückenschwimmbewegungen zu machen. Auf diese Weise bleibt dein Kopf hangaufwärts, der Rücken dem Hang zugekehrt, und du wirst auf diese Weise eher talwärts rutschen, als daß du in der Lawine untersinkst.

Viele Lawinenopfer sind ertrunken, weil ihnen geschmolzener Schnee in die Lungen drang. Halte daher den Mund fest geschlossen. Behalte eine Hand frei und vor dem Gesicht, um einen Luftraum herzustellen. Spare deine Kräfte! Die größte Anstrengung kommt, falls du begraben wirst, zum Schluß. Dann mußt du dich nämlich mit aller Kraft nach oben und durch den Schnee hinausstoßen, um dich zu befreien. Du mußt dabei sehr energisch sein, denn eine Lawine erhärtet wie Zement, wenn sie aufhört zu rutschen.

Wenn es zum Äußersten kommt, gib dir die allergrößte Mühe, nicht durchzudrehen. Das nämlich verkürzt deine Überlebensfrist. Zunächst einmal verbrauchst du mehr Sauerstoff, wenn du dich aufregst. Außerdem ist es ganz und gar unnötig, denn heutzutage finden die Suchmannschaften mit Hilfe von Hunden die Überlebenden einer Lawinenkatastrophe sehr rasch. Bis dahin mußt du durchhalten und Energie sparen.

Survival bei Sturm

Wenn du im Gebirge bist und ein Sturm aufkommt, achte darauf, ihm möglichst wenige Angriffsfläche zu bieten. Plötzliche Böen sind in den Bergen häufig. Am meisten gefährdet ist man auf dem Gebirgskamm selbst, besonders dort, wo Rinnen zu Tal führen, oder an und in Felswänden.

Wenn der Wind an dir zerrt, wirf dich zu Boden. Drück dich an den Felsen, wenn du gerade beim Klettern bist und warte, bis die Böe vorüber ist. Doch schon ehe du auf Tour gehst, überprüfe deine Kleidung. Eine Regenhaut, die sich bei einem Windstoß aufbläht, kann dich mehrere Meter hoch heben und über die Kante in den Abgrund schleudern.

Stopfe deine sämtlichen Oberkleider im Hosenbund fest, wenn das Wetter so aussieht, als könne der Wind auffrischen.

Trage immer den Eispickel (oder den Ast, der dir als Eispickelersatz dient) bei dir, wenn du dich oberhalb von Schneehängen aufhältst. Ein einziger Windstoß kann dich auf die verharschten Hänge hinunterwehen, und jetzt mußt du die Technik des Hinunterrutschens, die du ja bereits geübt hast, anwenden.

Fledermausflügel

Bei diesem Experiment lernst du die Kraft des Windes kennen. Du brauchst dazu nur einen zugefrorenen Teich, auf dem du entweder auf Schlittschuhen oder auch nur auf glatten Sohlen rutschen kannst.

Leg ein Stück alte Decke oder ein altes Leintuch auf dem Fußboden aus und steck es mit ein paar Reißzwecken fest. Leg dich mit ausgebreiteten Armen darauf und spreize die Beine.

Bitte einen Freund, auf dem Stoff die Punkte anzuzeichnen, wo deine Handgelenke, Fußknöchel und der Scheitelpunkt

Fledermausflügel

deines Kopfes aufliegen. Nimm einen Filzstift und verbinde diese Punkte mit Linien; rechne noch einen guten Saum (3 bis 4 cm) dazu und schneide dir nach diesem Schnittmuster deine Fledermausflügel.

Falte nun die Ränder um und nähe rundherum einen starken Saum wie für ein Segel. Dann nähe Bänder oder Gurte für Knöchel, Taille, Handgelenke und den Kopf (rings um die Stirn) daran – das ist schon alles.

Zieh deine Fledermausflügel erst am Teich an. Streif dir den Kopfriemen über die Stirn, befestige die Bänder um die Taille, Handgelenke und Knöchel, und deine »Flugmaschine« ist startklar. Wenn du die Arme ausbreitest, entfalten sich die Flügel.

Schon ein leichter Wind wird dich übers Eis treiben, besonders wenn du auf Schlittschuhen stehst. Jetzt spürst du, welche Kraft der Wind hat. Bekommst du müde Arme und willst sie nicht mehr ausgebreitet halten, benutze zwei lange Stöcke, mit denen es leichter geht.

Übernatürliche Erscheinungen

Gespenster gibt es nicht, und alle »Geistererscheinungen« in freier Natur haben eine natürliche Erklärung. Trotzdem ergriffen selbst hartgesottene Forscher und Pioniere gelegentlich das Hasenpanier, weil irgendwelche unbegreiflichen Naturerscheinungen sie erschreckten.

Drei erfahrene Bergsteiger sahen an einem Herbstabend auf einem Gipfel in 1000 m Höhe den Himmel in Flammen stehen, rot und gelb. Unter ihnen verschlang eine Wolkendecke alles, außer einigen Felszacken. Um einen davon spielten flackernde Lichter. Dann näherte sich eine riesenhafte Gestalt, die jedem Bergsteiger anders erschien. Dem einen winkte sie, der zweite sah sie mit der Faust drohen, der dritte sah sie beide Arme ausbreiten. Was sie sahen, war ein Zusammentreffen von im Gebirge gelegentlich vorkommenden Naturerscheinungen.

Der flammende Himmel war das als *aurora borealis* bekannte Nordlicht, hervorgerufen durch Sonnenpartikel, die ins Magnetfeld der Erde gelangen.

Das Wolkenmeer war eine Temperaturinversion, hervorgerufen durch die aufsteigende warme Luft des Tages und die ins Tal herabsinkende kalte Nachtluft. Die flackernden Lichtchen waren vermutlich Irrlichter, entstanden durch Selbstentzündung von Gasen faulender Vegetation oder eines Tierkadavers.

Die unheimliche Gestalt war das legendäre »Brockengespenst«, so benannt nach einem Berg im Harz. Jeder Bergsteiger sah es anders, weil es nämlich sein eigener Schatten war, umgeben von einem Lichtkranz. Wenn die Sonne durch winzige Nebeltröpfchen scheint, bildet jedes dieser Tröpfchen einen kleinen Spiegel, und so entsteht diese berühmte »Geistererscheinung«.

Auch Piloten kennen dieses Phänomen, bei dem das Bild eines von Regenbogenfarben umspielten Flugzeuges auf die Wolkendecke projiziert wird.

Lege jede Angst vor Unerklärlichem in der Natur schnellstens ab. Die Phantasie kann dir schlimme Streiche spielen. Denk immer, daß es für alles eine natürliche Erklärung gibt, auch wenn du selbst sie nicht weißt.

Wenn Tiere dich bedrohen

Wenn du dich von einem Tier in freier Natur bedroht siehst, *handele rasch*. Die meisten Leute reagieren in solchen Augenblicken viel zu langsam. Präge dir also die folgenden Tips gut ein, dann kannst du – wenn der erste Schreck überwunden ist – gleich vernünftig handeln und gerätst nicht in unnötige Panik.

Bienenstiche

Mach den Mund fest zu. An einem Bienen- oder Wespenstich innen in der Kehle kann man ersticken. Gerade bei erschrecktem Luftholen ziehst du das Tier eventuell in die Mundhöhle. Rege dich nicht auf, wenn Bienen oder Wespen um dich herumbrummen. Versuche nicht, sie durch wildes Umdichschlagen zu vertreiben. Die Chance, gestochen zu werden, ist weit geringer, wenn man ruhig bleibt und sich langsam bewegt. Insbesondere Wespen stechen gern, wenn man sie jagt oder erschreckt, und ihre Stiche können auch außerhalb der Mundhöhle tödlich wirken, wenn sie ein Blutgefäß treffen. Nach Bienen und Wespen zu schlagen, ist der sicherste Weg, von ihnen angegriffen zu werden.

Quetsche nie an einem Bienenstich herum. (Wespen hinterlassen keinen Stachel!) Du verteilst nur das Gift in der Haut. *Gehe sofort zu einem Arzt.*

Wenn es jedoch länger dauern sollte, einen Arzt zu erreichen, gibt es eine einzige Selbsthilfemethode, die unschädlich und daher erlaubt ist. Sie funktioniert nicht nur bei Bienenstacheln, sondern auch bei Dornen oder Splittern.

Fülle eine Flasche (sie muß einen möglichst engen Hals haben) mit heißem Wasser. Laß das Wasser einen Moment in der Flasche und gieße es dann weg. Presse sofort die Flaschenöffnung über den Stachel oder Splitter. Die Flasche kühlt sich ab, und dabei entsteht ein Vakuum, das eine Saugwirkung hat und den Fremdkörper rasch und sauber herauszieht.

Wird ein Gestochener ohnmächtig oder droht er zu ersticken, hole schleunigst den Arzt. Ein Stich in den hinteren Rachenraum kann eine sofortige Operation notwendig machen. Ein Stich in eine Ader kann das Herz in Mitleidenschaft ziehen.

Schlangenbisse

Schlangenbisse kommen hierzulande sehr selten vor. Bei uns gibt es eigentlich nur die Kreuzotter, die giftig ist, und sie tut dir nichts, wenn du sie nicht angreifst oder versehentlich auf sie trittst. Sieh dich also in dichtem Gras und Farn, besonders aber auf sonnenwarmen, steinigen Gebirgswegen vor! Schlangen suchen sofort das Weite, sobald sie durch Lärm aufgeschreckt werden. Es ist also äußerst unwahrscheinlich, daß du von einer Schlange gebissen wirst, wenn du mit einer Gruppe von Freunden unterwegs bist.

Aber nehmen wir an, du seist gebissen worden. Dann schwillt die Gegend des Bisses sofort stark an. Wenn sie nicht anschwillt, bist du zwar gebissen worden, aber die Schlange war nicht giftig. Erst einmal bekommst du natürlich einen Riesenschreck und bist möglicherweise leicht betäubt, aber es besteht kein Grund zur Aufregung. Schicke Freunde zum Arzt oder gib Notzeichen (siehe Kapitel 7). Bewege dich so wenig wie möglich. Je mehr du die Glieder gebrauchst, desto schneller gelangt das Gift in den Blutkreislauf und dadurch zum Herzen. Wische die gebissene Stelle mit einem *sauberen* Taschentuch ab. (Bitte nicht reiben!) Versuche nicht, das Gift auszusaugen. Lege hingegen zwischen der Wunde und dem Herzen eine feste Bandage an, die du alle halbe Stunde eine Minute lang lockerst.

Hunde

Ein Hund, der mit schnappenden Kiefern auf dich losgeht, braucht nicht tollwütig zu sein. Wahrscheinlich ist er nur böse. Doch das genügt auch. Spring nicht beiseite und lauf nicht davon. Bleib unbeweglich stehen. Manchmal genügt ein energisch gerufenes »Platz!«, um den Hund einzuschüchtern. Das Tier darf auf keinen Fall merken, daß du Angst hast. Nimm allen Mut zusammen und gehe auf den Hund zu. Starre ihm fest in die Augen. Wenn er nicht zurückweicht und tatsächlich angreift, *bleib um jeden Preis aufrecht.* Du bist einem bissigen Hund, wenn du am Boden liegst, völlig ausgeliefert. Bereite dich darauf vor, ihm einen energischen Tritt in die Kehle zu geben, aber nur, wenn du dich dabei im Gleichgewicht halten kannst und gut in der »Beinarbeit« bist (etwa ein guter Fußballer); wirf ihm eine Jacke, einen Anorak oder was du sonst trägst, über den Kopf, damit er nichts mehr sieht. Versuche, ihn so schnell wie möglich im Genick zu packen, aber ja nicht am Schwanz, sonst fährt er herum und beißt dich. Hat der Hund deinen Arm zwischen den Zähnen, versuche auf keinen Fall, ihn mit Gewalt herauszureißen – du handelst dir statt eines glatten Bisses nur eine zerfetzte, schartige Wunde ein. Besser ist es, den Arm noch tiefer ins Maul des Angreifers zu schieben, so tief, wie du ihn hineinbringst. Wahrscheinlich läßt der Hund sofort los. Sprich in ruhigem Ton mit dem Tier, auch während es dich gepackt hält.

Faß fremde Hunde niemals an. Bist du gebissen worden, so halte die Wunde unter fließendes kaltes Wasser. Geh anschließend *sofort* zu einem Arzt und laß dir eine Tollwut- und Tetanusspritze geben.

Pferde und Kühe

Obwohl diese Tiere so friedlich und harmlos aussehen, können sie ziemlich unangenehm und bösartig werden, wenn man sie reizt oder ärgert. Besonders in acht nehmen muß man sich übrigens bei Wind und Sturm. Pferde werden bei Böen auffallend unruhig: Sie hassen es, wenn es ihnen in die Ohren bläst, und reagieren gereizt. Auch ein aufziehendes Gewitter kann sie unberechenbar machen. Meide unter solchen Umständen die Mitte eingezäunter Weiden. Wende übrigens Pferden nie den Rücken zu!

Kühe können viel gefährlicher werden als Stiere. Bei Donner, Blitz und Sturm werden sie plötzlich angriffslustig. Es sind schon viele Menschen zu Schaden gekommen, nur weil sie Kühe nicht für bedrohlich hielten. Wenn du von einer Kuh angegriffen wirst, kann deine Rettung davon abhängen, daß du alles von dir wirfst, was du zufällig bei dir trägst, notfalls sogar etwas ausziehst und Stück für Stück der dir nachsetzenden Kuh entgegenschleuderst. Jedes Hornvieh, ob Kuh oder Stier, läßt sich auf diese Art vorübergehend ablenken, und du kannst die Verzögerung dazu benutzen, dich in Sicherheit zu bringen.

Schwäne

Diese stolzen und schönen Vögel können einem Erwachsenen mit einem einzigen Flügelschlag den Arm brechen. Wenn sie einen Hund sehen, werden sie leicht wütend, besonders dann, wenn sie ihre Jungen bei sich haben. Um einen angriffslustigen Schwan zu vertreiben, bespritze ihn leicht mit Wasser.

6. Survival-Training auf dem Wasser

Zuerst eine Mahnung:

ES GIBT HEUTZUTAGE KEINE ENTSCHULDIGUNG MEHR DAFÜR, NICHT SCHWIMMEN ZU KÖNNEN! SCHWIMMEN IST DIE VORAUSSETZUNG FÜR DAS ÜBERLEBEN IM UND AUF DEM WASSER! WER NICHT SCHWIMMEN GELERNT HAT, KANN IN EINER NOTSITUATION ZWAR VERSUCHEN ZU IMPROVISIEREN, DOCH HAT ER GLÜCK, WENN ER AUCH NUR DEN KOPF ÜBER WASSER BEHÄLT.

Etwas müssen sowohl Schwimmer wie Nichtschwimmer perfekt beherrschen, nämlich die Benutzung eines Rettungsringes. Das ist keineswegs so einfach, wie allgemein angenommen wird. Mit einem Rettungsring umzugehen, muß richtig geübt werden. Am besten tust du das am seichten Ende des Schwimmbassins, dann wirst du es später auch im tiefen Wasser können.

Faß den Rettungsring mit beiden Händen, die Knöchel nach oben gerichtet. Zieh ihn so nah wie möglich an dein Kinn heran und bleibe ruhig. Du hast jetzt erst einmal einen Halt, und der Ring trägt dich. Nun drücke den Rand des Rettungsringes energisch unter Wasser, so daß die gegenüberliegende Seite steil aus dem Wasser heraussteht. Jetzt drück das unter Wasser befindliche Ende von dir weg, und zwar wieder so energisch, daß dir der Rettungsring über den Kopf kippt. Kriech mit Kopf und Schultern nach oben stoßend hindurch und laß den Ring über deinen Oberkörper rutschen. Als letztes steck die Arme durch (siehe Abbildung).

Was ebenfalls sowohl Schwimmer wie Nichtschwimmer können müssen, ist das Sichtreibenlassen. Der natürliche Auftrieb des Körpers wird dich an der Wasseroberfläche halten, solange du entspannt bleibst. Du kannst auch auf dem Rücken treiben oder mit dem Gesicht nach unten. Versuch es zunächst einmal

Anlegen eines Rettungsringes im Wasser

so, als lägest du im Bett und blicktest zur Decke auf. Hol noch einmal tief Luft, dann streck das Kinn nach oben und drück den Hinterkopf ins Wasser. Atme ruhig und laß den Körper schlaff hängen. Beine und Füße finden ihre richtige Lage im Wasser von selbst, kümmere dich gar nicht um sie. Solange dein Gesicht gerade eben aus dem Wasser schaut, kannst du stundenlang so dahintreiben. Bei den ersten Übungen sollte dir jemand helfen und deinen Kopf (vermutlich sogar deinen ganzen Körper) so lange unterstützen, bis du dich traust, dich hängen zu lassen.

Das Wassertreten ist eine der wichtigsten »Künste« beim Überlebenstraining im Wasser und die leichteste und entspannteste Art, mit einem Minimum von Energie den Kopf über Wasser zu behalten. Du mußt es üben, üben und nochmals üben, bis du es im Schlaf kannst.

Das tust du am besten in einem Teich oder Pool, in dem dir beim Stehen das Wasser bis an die Augenbrauen reicht. Übe so lange am Rand, bis du dich sicherer fühlst.

Bleibe in senkrechter Haltung und bewege dich so, als ob du im Wasser radfahren wolltest. Halte dabei die Hände locker ausgebreitet. Sie sollen direkt unterhalb der Wasserfläche kreisende Bewegungen machen. Während also sowohl Hände wie Füße nach unten drücken, bemühe dich, Nase und Mund aus dem Wasser zu halten. Atme gleichmäßig und tritt das Wasser ganz entspannt. Es geht viel leichter, als es hier beschrieben werden kann, und wird dir jede anfangs noch vorhandene Wasserscheu nehmen. Schau einmal einem Hund zu, der in tiefes Wasser gerät. Ein paar Sekunden lang hält er die Schnauze in die Höhe, und dann fängt er automatisch an, Wasser zu treten. Das klappt fabelhaft, und auch die wasserscheuesten und ängstlichsten Hunde halten sich prima über Wasser.

Drownproofing oder die »Unsinkbarkeit«

Kannst du dein Gesicht in ein Waschbecken mit warmem Wasser tauchen, die Augen aufmachen und dich längere Zeit umschauen, ohne es unangenehm zu finden? Wenn ja, hast du bereits einen wichtigen Teil des Überlebenstrainings im Wasser bewältigt und kannst deine Übungen getrost auch in tiefem Wasser machen.

Drownproofing (sprich etwa draunpruhfing) zu lernen, lohnt sich wirklich, weil dich diese Methode auch in den ungünstigsten Situationen daran hindert, unterzugehen.

Findest du es jedoch unangenehm, das Gesicht ins Wasser zu tauchen, dann ist der Waschbeckenversuch der erste Schritt auf einem langen Wege. Übe jeden Tag beim Waschen ein paar Minuten, bis du den Stöpsel unter Wasser in aller Ruhe betrachten kannst. Später macht es dir sogar richtig Spaß! Übe dabei auch gleich, den Luftdruck innerhalb deiner Nase zu steigern, damit du nicht versehentlich Wasser einschnaufst. Tu einfach so, als wolltest du durch die Nase ausblasen, laß aber keine Luft entweichen. Es funktioniert. Probier es aus!

Das *Drownproofing* oder Training gegen das Ertrinken ist, sofern man an ein und derselben Stelle im Wasser ausharren muß, wirksamer als das Wassertreten. Beim Wassertreten muß man nämlich den Kopf, der immerhin gute 10 Pfund wiegt, hochhalten, und diese angestrengte Haltung ermüdet nach einer Weile. *Drownproofing* ist auch besser als das Treibenlassen, denn dabei ist es nicht zu vermeiden, daß gelegentlich Wasser in Mund und Nase eindringt.

Wer sich im *Drownproofing* übt, macht es dem Alligator oder dem Seehund nach, die stundenlang mit dem Kopf unter Wasser schwimmen können und nur hie und da zum Einatmen auftauchen müssen. Es ist außerdem die wirksamste Methode, den natürlichen Auftrieb auszunutzen.

Füll deine Lungen mit Luft und laß dich so ins Wasser fallen, daß du völlig untergehst. Halte dabei den Mund fest geschlossen und die Augen offen. So kannst du beobachten, wie es um dich immer heller wird, bis dein Kopf aus dem Wasser taucht.

Drownproofing

Bevor du auftauchst, breite entspannt und locker die Arme vor dir aus, laß die Beine baumeln, so daß sich dein Körper waagrecht einpendelt. Dein Gesicht sollte möglichst immer unter Wasser bleiben.

Halte den Atem ein paar Sekunden lang an, dann mach dich bereit, einen zweiten Atemzug zu tun. Presse die Lippen aufeinander und schnaube die Luft durch die Nasenlöcher aus. Nun hebe den Kopf, lege ihn nach hinten und drücke dabei mit beiden Handflächen nach unten. Sowie dein Mund über der Wasseroberfläche ist, atme geruhsam ein und tauche mit dem Gesicht wieder unter. Hebe den Kopf weder zu langsam noch zu schnell. Wenn dein Kopf ganz und gar aus dem Wasser ragt, bedeutet das, daß sein Gewicht deinen übrigen Körper tiefer unter Wasser drückt, und das könnte dich erschrecken. Wenn du völlig untergetaucht bist und nur dein Hinterkopf auf der Wasseroberfläche zu sehen ist, hast du den größten Auftrieb. Schlage also niemals wild um dich, bloß um deinen Kopf aus dem Wasser zu halten; genau das läßt dich nämlich sinken.

In Notsituationen und auch beim Training mußt du immer an den Grundsatz denken, daß der Teil des Körpers, den du gerade über Wasser hebst, im Moment des Auftauchens sehr viel schwerer wird als der vergleichsweise gewichtslose Rest unter Wasser. Dadurch wirst du tiefer unter die Oberfläche gedrückt. Es gibt eben Gelegenheiten, da muß man sich sinken lassen wie ein Stein, wenn man Kräfte sparen und oben bleiben will.

Jetzt noch ein paar Worte darüber, wie man sich aus den Kleidungsstücken, die man zufällig beim Sprung oder Sturz ins Wasser auf dem Leibe trägt, eine Art Rettungsring machen kann. Das ist keine todsichere Methode. Schwimmen mußt du trotzdem können, und zwar so gut, daß du dich im Wasser wie zu Hause fühlst. Aber der improvisierte Rettungsring gibt dir größeren Auftrieb, und dadurch hältst du – wenn Not am Mann ist – länger durch und verlierst weniger schnell die Courage.

Mach dir eine Schwimmweste aus deinem Pyjama

Wenn du erst einmal die Schuhe und die schweren Oberkleider abgeworfen hast, lassen sich aus den übrigen Kleidungsstücken Lufttaschen herstellen, die dich ziemlich spürbar höher aus dem Wasser heben. Probiere das erst einmal daheim in der Badewanne mit einem Schlafanzug aus und später dann, während du Wasser trittst, im Swimmingpool.

Füll die Badewanne mit warmem Wasser und steige im Schlafanzug hinein. Zieh erst unter Wasser die Hose aus, damit du lernst, wie man nasse Kleidungsstücke vom Körper zerren muß. Jetzt kommt die Jacke. Sie sollte von unten bis oben zugeknöpft sein.

Du ziehst sie bis zu den Achselhöhlen hinauf, greifst nach hinten und hebst sie nun ruckartig mit beiden Händen in den Nacken hoch. Dann erst ziehst du sie mit einer einzigen Bewegung über den Kopf. Halte dabei genügend Abstand von deinem Gesicht. Das klingt einfach, übe es trotzdem! Du ziehst dir sonst die nasse Pyjamajacke aufs Gesicht und kannst nicht mehr atmen.

Jetzt häng dir die Pyjamajacke verkehrt wie ein Sabberlätzchen um, schlüpfe nicht mit den Armen hinein und schließe nur den obersten Knopf hinten am Hals. Knote beide Ärmel an den Manschetten zu. Lehne dich so weit zurück, daß dir das Wasser bis ans Kinn reicht. Nun schleudere die Pyjamajacke ruckartig durch die Luft und laß sie ins Wasser klatschen. Halte den unteren Saum unter Wasser vor deinem Bauch fest. Die durch das Schleudern in Ärmeln und Rumpf eingefangene Luft wird die Jacke ballonartig aufblähen. Die improvisierte Schwimmweste ist fertig. Halte den unteren Rand des Kleidungsstückes unter Wasser sehr fest, damit keine Luft entweicht. Ganz läßt sich das jedoch nicht vermeiden, denn jedes aufgeblasene Kleidungsstück verliert allmählich Luft; du kannst es wieder auffüllen, indem du es erneut durch die Luft schwenkst, von außen mit dem Mund durch den nassen Stoff hineinbläst oder mit einer Hand durch eine Saumöffnung Luft hineinschöpfst.

Auch die Pyjamahosen lassen sich mit Luft füllen. Knote die Hosenbeine an den Aufschlägen zu und schließe alle Knöpfe und Reißverschlüsse. Laß dir die Hose, während du in der Badewanne sitzt, wie einen leeren Kohlensack im Genick hängen. Schwinge sie dann mit einem Ruck über den Kopf, so daß sie sich bläht, und tauche den Taillenbund unter die Wasserfläche. Schon ist die Luft eingefangen.

Schwimmweste aus Kleidern

Steck den Kopf zwischen die aufgeblähten Pyjamahosenbeine, wobei sich dein Nacken in den Zwickel lehnt. Du kannst jetzt auf dem Rücken schwimmen, während du die beiden Hosenbeine vor dir hältst. Damit hast du so etwas wie einen Hufeisen-Rettungsgürtel.

Zwar ist im Badezimmer nicht besonders viel Platz für deine Versuche, doch du bekommst eine ganz gute Vorstellung davon, daß mit Luft gefüllte Wäschestücke so prall werden können wie Würstchen. Aber erst, wenn du diese Techniken im tiefen Teil eines Schwimmbeckens übst, wirst du feststellen, wie wertvoll sie sind: sie halten dich tatsächlich über Wasser.

Survival-Übungen an einem gekenterten Wasserfahrzeug

Suche dir für die folgende Übung eine tiefe Stelle im Fluß, aber eine, wo du nicht gefährdet bist, oder knüpfe Beziehungen zu Leuten an, die ein privates Schwimmbecken haben. Im normalen öffentlichen Schwimmbad kannst du die Übung nicht machen, weil du mit größeren Gegenständen herumhantieren mußt.

Ob du schwimmen kannst oder nicht, probiere der Reihe nach Gegenstände aus, an die du dich klammern kannst, wenn sie nach dem Kentern zufällig neben dir treiben oder die dir jemand zum Festhalten zugeworfen hat.

Bestimmte Gegenstände haben Auftrieb, wenn man sie ins Wasser drückt: hohe Stiefel, Hüte, Rucksäcke (sowohl leere als auch volle, probier beides aus!), Eimer, in Taschen gesteckte Tennisbälle, ein unter den Pullover gesteckter Fußball, leere Plastikflaschen, aufgeblasene Plastiktüten, Bretter und Autositze. Versuch es auch mit leeren Lattenbehältern, Obstkisten, Tonnen, Benzinfässern, Treibholz und einer nicht ganz voll aufgeblasenen Luftmatratze. Schwämme und Autoersatzreifen tragen dich nicht.

Grundregeln beim Kentern

Mit welcher Art von Boot du kenterst, ist völlig egal. Die Reihenfolge der notwendigen Maßnahmen ist die gleiche. Lenke das Boot, das du zum Üben benutzt (ob Paddelboot, Schlauchboot, Gummifloß oder was auch immer), an die tiefste Stelle des Wassers (die muß natürlich ungefährlich sein), bring es zum Kentern und mach folgende Übungen:

Bleib unbedingt beim Boot (auch dann, wenn es im Ernstfall den Fluß hinunter- oder aufs Meer hinaustreibt)! Das Boot ist etwas, an das du dich klammern kannst; außerdem wirst du von eventuellen Rettern viel leichter gesehen. Wenn du bei starker Gegenströmung ohne Hilfsmittel an Land zu schwimmen versuchst, ist es sehr, sehr wahrscheinlich, daß du das Ufer nicht erreichst.

Fische die wichtigsten schwimmfähigen Gegenstände auf: Ruder, Paddel etc., aber laß dir dabei das Boot nicht entschlüpfen.

Begib dich ans eine Ende des Bootes und halte dich dort fest. Versuch auch das: Tauche unter dem gekenterten Boot ins Innere des umgedrehten Bootskörpers. Wenn der Rumpf geräumig genug ist, bleib in seinem Inneren. Halte dich an den Sitzen fest und atme die eingefangene Luft. Im Ernstfall – bei sehr bewegtem Wasser zum Beispiel – müßtest du das auch tun, weil du dich außen am glatten Bootsrumpf weder festhalten noch auf das Boot draufklettern könntest. Wenn sich das Wasser etwas beruhigt hat, kannst du wieder hervorkommen.

Wenn du eine Schwimmweste trägst, blase sie prall auf. Fisch die wichtigsten herumtreibenden Gegenstände aus dem Wasser, wenn das leicht und gefahrlos geht.

Binde dich am Boot fest, falls du eine Weile im Wasser treiben mußt. Nimm dazu irgendeine kurze Schnur. Warte nicht, bis deine Finger zu steif geworden sind, um einen Knoten zu machen. Du darfst das Boot nicht entschlüpfen lassen, das passiert nur zu leicht.

Denk dir Mittel und Wege aus, um dich bemerkbar zu machen. Ein Schwimmer und ein gekentertes Boot liegen sehr tief im Wasser und sind selbst bei mäßigem Wellengang 80% der Zeit in einem Wellental. Befestige ein starkfarbiges Kleidungsstück (am besten ist natürlich gelb, orange, rot oder Leuchtfarbstoff) an ein Ruder oder Paddel und halte es senkrecht in die Höhe wie eine Fahnenstange. Ein farbiger Wimpel, der auch nur einen einzigen Meter über den Wasserspiegel emporragt, erhöht deine Chance sehr, von einem Suchboot oder vom Ufer aus gesehen zu werden. (Mehr darüber in Kapitel 7.)

Mit dem Paddelboot ans Ufer schwimmen

Ergreife das gekenterte Paddelboot an der stromaufwärtsliegenden Spitze und lenke es mit kräftigen Kraul-Stößen stromabwärts dem Ufer zu. Das Experiment wird, wenn du mit der Strömung schwimmst, sehr »echt« sein. Du wirst das Ufer schließlich ein gutes Stück stromabwärts erreichen.

Warnung: Vergewissere dich vorher, ob nicht weiter unterhalb deiner »Versuchsstrecke« ein Wehr oder Stromschnellen sind. Du könntest versehentlich in einen Gefahrenbereich geraten.

Rettung aus einem Wasserwirbel

Geh zum nächstgelegenen Wehr. Es hat unterhalb des Falles die gleichen Unterströmungen wie ein Wasserwirbel. Nimm drei leere Plastikflaschen mit, die du rot, gelb und hellblau an-

Schwimmen mit der Unterströmung

gestrichen hast. Füll die rote halb voll Wasser, so daß sie später etwas unterhalb des Wasserspiegels schwimmt. Füll die gelbe fast ganz, so daß sie langsam sinkt. Die blaue Flasche laß leer. Verkorke alle drei und wirf sie ins Zentrum des Schaums, unterhalb des Falles. Dort nämlich würdest auch du selbst auftauchen, wenn es dich über die Wehrstufe getrieben hätte. Behalte die Flaschen im Auge. Die leere, blaue wird auf dem Schaum herumtanzen und nicht weiterkommen. Die rote und die gelbe gehen erstmal unter, aber eine oder sogar beide werden wieder auftauchen – etwas weiter stromabwärts. Daran kannst du genau erkennen, wie du dich selbst in einer so kritischen Lage verhalten mußt. Tu also Folgendes: Schwimm nach unten, auf den Grund des Flußbettes. Dann trägt die Unterströmung dich unter Wasser gefahrlos ein Stück stromabwärts und wird dich dort wieder auswerfen, wo die Gefahr vorüber ist. Versuchst du aber oben auf dem Schaum zu schwimmen, bringt dich das nicht nur nicht von der Stelle, sondern deine vergeblichen Rettungsversuche kosten dich alle Kraft.

Wenn du übrigens wirklich auf dem Schaum tanzen solltest wie die leere, blaue Flasche, darfst du dich nie an dein gekentertes Boot klammern! *Laß es sofort los!* Du wirst es zwar einbüßen und deine Ausrüstung obendrein, aber du wirst dein Leben retten. Das ist jedoch die einzige Ausnahme! Sonst mußt du dich – wie schon gesagt – immer ans Boot anklammern.

Eine Bitte: Plastikflaschen in einen Fluß zu werfen, steht im Widerspruch zu allen Vorschriften des Umweltschutzes. Treibe darum die Flaschen im Anschluß an deinen Versuch mit Steinwürfen ans Ufer, wo du sie auffischen und wieder mit nach Hause nehmen kannst.

Einbruch ins Eis

Stell dir vor, du überquerst einen zugefrorenen Fluß, und plötzlich bricht unter dir die Eisdecke ein. Eine solche Situation kannst du daheim oder an einer ungefährlichen Badestelle simulieren.

Leg auf das Wasser irgend etwas Schwimmbares: eine aufgeblasene Luftmatratze, ein selbstgebasteltes Floß aus Brettern oder Benzinkanistern oder ein kleines Schlauchboot. Dieser Gegenstand stellt das Eis dar. Stell dich breitbeinig, in Hemd und Hosen darauf und stoß dich mit einer langen Stange oder einem Ast vom Ufer ab, der dir gleichzeitig hilft, Balance zu halten, während du aufs Wasser hinausschaukelst. Wenn du weit genug vom Ufer entfernt bist, laß das Eis umkippen. Während es sich neigt und du stürzt, *tritt mit beiden Beinen kräftig nach hinten, etwa wie beim Brustschwimm-Stoß.*

Breite die Arme über deiner »Eisscholle« aus und umklammere sie. Während du weiter mit den Beinen nach hinten trittst, bemühe dich, an dem Eisstück hinaufzukriechen.

Der erste, energische Stoß ist der Versuch, aus dem Wasser

Am Eis hinaufkriechen

zu springen, solange die obere Hälfte deiner Kleider noch trokken ist. Danach mußt du versuchen, so schnell wie möglich auf das noch heile Eis zu gelangen, auf dem du eine Chance hast, dich zu retten, ehe eine starke Strömung dich unter die Eisscholle drückt. Wenn du kräftig nach hinten trittst und mit beiden Armen zupackst, müßte es dir gelingen, dich hinaufzuziehen.

Die erwähnte »starke Strömung« darf es übrigens nur in deiner Phantasie geben. In stark strömenden Gewässern mit Luftmatratzen und selbstgebastelten Flößen herumzuexperimentieren, ist sträflicher Leichtsinn.

Auch in ruhigem Wasser hat das Experiment nämlich durchaus seinen Wert. Es vermittelt dir eine ziemlich genaue Vorstellung davon, wie es wäre, wenn du in Wirklichkeit ins Eis einbrächest.

Aber noch ein Wort zum Ernstfall. Wenn du ein sogenanntes »stehendes Messer« bei dir hast, stoße es in möglichst großer Entfernung vor dir ins festere Eis und halte dich daran fest. Bei großer Kälte werden deine Ärmel an der Eisfläche festfrieren, aber eine Jacke läßt sich schließlich wieder kaufen. Selbst dünnes Eis kann dich tragen, wenn du dich daran festhältst und dabei kräftig ins Wasser trittst. Es läßt dir eine Chance, dich langsam zu dickerem Eis vorzuarbeiten, das dein Gewicht trägt.

Geh niemals aufs Eis, ehe du dich vergewissert hast, daß es stark genug ist. Eine Eisfläche hat selten überall die gleiche

Stärke. Sie ist zum Beispiel in der Nähe des Ufers immer dicker. Frisches Eis schmilzt unter Sonneneinstrahlung. Auch Wind beeinflußt die Dicke des Eises. Er verursacht Wellen im Wasser, und die schwächen die Eisfläche in Rillen von unten her.

Wenn dir die Retter eine Leiter zuschieben, greif nach der nächstliegenden Leitersprosse, hebe dich daran aus dem Wasser empor und ziehe dich hinauf, bis du der Länge nach auf der Leiter liegst. So kann man dich am besten aus der Gefahrenzone ziehen.

Immer quer zur Strömung

Suche dir eine glatte Flußstrecke, die eine mäßige Strömung hat, aber keine sonstigen Risiken wie Wehre, Stromschnellen, Untiefen oder dergleichen. Außerdem mußt du für dieses Experiment ein geübter Schwimmer sein.

Übe, diagonal gegen die Strömung anzuschwimmen, indem du am einen Ufer beginnst und schräg stromaufwärts am gegenüberliegenden Ufer wieder rauskletterst.

Vergleiche auch, wie groß der Unterschied ist, wenn du direkt und wenn du diagonal gegen die Strömung schwimmst. Du wirst sehen, du kommst nur diagonal vom Fleck. Das gleiche gilt auch für die sogenannte Ripptide in einer Bucht. Nur wenn du diagonal gegen sie anschwimmst, kannst du das sichere Ufer noch erreichen, ehe du völlig ausgepumpt bist. Im Meer darfst du diese Übung nicht machen, weil der Sog zu groß ist. Die beste Versuchsstrecke ist wirklich ein Flußlauf – mit sicheren, nicht zu steilen Ufern an beiden Seiten.

7. Notsignale

Wie machst du Menschen auf dich aufmerksam, und zwar so, daß sie sofort begreifen, daß du ihre Hilfe dringend benötigst? Angenommen, ein Lokomotivführer will gerade in einen langen Tunnel einfahren, da sieht er auf einem nahen Hang einen Jungen sitzen, der ihm zuwinkt. Na, wenn schon, denkt er sich. Einem Lokomotivführer winkt jeder zu. Vielleicht winkt er sogar zurück. Aber Sekunden später ist er im Tunnel verschwunden. Nun mag dieser Junge in einer schlimmen Notlage gewesen sein; vielleicht hatte er sich ein Bein gebrochen oder eine Schlange hatte ihn gebissen. Die Gleise konnte er nicht mehr erreichen, und so hatte er in der Hoffnung gewinkt, daß der Lokomotivführer die Lage erkennen und anhalten würde. Doch selbstverständlich trog diese Hoffnung.

Wenn wir dieses Kapitel mit einem negativen Beispiel beginnen, wollen wir nur zeigen, wie lebenswichtig es sein kann, die richtigen Signale zu kennen und anzuwenden. Zahllose Menschen, die sich in scheinbar ausweisloser Lage befanden, sind gerettet worden, weil es ihnen – oft in letzter Minute – gelang, andere auf sich aufmerksam zu machen.

Es gibt weit mehr verschiedene Signale als man gemeinhin annimmt, und die meisten lassen sich mit Hilfe einfacher Gegenstände, die man ohnehin bei sich trägt oder die in unmittelbarer Umgebung leicht zu finden sind, hervorrufen und aussenden.

Ein Signal muß sich von der Umgebung wirkungsvoll abheben, um »anzukommen«. Gleiche Signale haben nicht immer auch die gleiche Bedeutung. Wenn du am Johannistag ein Feuer machst, hält jeder es für einen Teil eines alten Brauchs, und keiner kommt auf die Idee, du könntest Hilfe benötigen. Eine Leuchtkugel am Silvesterabend zu verschießen, ist genauso wenig sinnvoll.

Andererseits kann eine simple Sache wie das Winken mit einem weißen Taschentuch außerordentlich wirkungsvoll sein. Das ist nämlich das einzige Notsignal, das in einer Menge von Hunderttausenden tatsächlich zu sehen ist und dich heraushebt. Angenommen, du bist in einem riesigen Fußballstadion. Ein Weltmeisterschaftskampf wird ausgetragen, und ein Kamerad von dir ist inmitten der brüllenden, Beifall klatschenden Menge ohnmächtig geworden. Wenn du mit einem weißen Tuch winkst und vielleicht die Nächstsitzenden dazu veranlaßt, das gleiche mit ihren Taschentüchern und Programmheften zu tun, so bedeutet das für die Rotkreuzhelfer unmißverständlich HILFE! Sie werden sofort zu euch kommen, einfach, weil eine Menschengruppe, die etwas *Weißes* schwenkt, für sie eine ganz bestimmte Bedeutung hat.

Das Üben mit Signalen ist ein Riesenspaß, und du und deine Freunde, ihr werdet euch dabei prächtig unterhalten. Aber bitte denke daran: *Es ist wirklich dumm und gemein, Notsignale unnötigerweise auszusenden und die Hilfsbereitschaft anderer Menschen gedankenlos auf die Probe zu stellen oder für blöde Witze auszunutzen.* Blinder Alarm ist nicht nur bei allen Helfern höchst unbeliebt, er ist in vielen Fällen auch polizeilich verboten.

Nachstehend eine Liste möglicher Helfer und Retter und die Möglichkeit, sich ihnen verständlich zu machen.

Lokomotiv- und Zugführer

Einen Zug kann man selbstverständlich nur anhalten, wenn es ums nackte Leben geht. Kommt es einmal wirklich zu einer solchen Situation, so stell dich auf die Schienen, das Gesicht dem herankommenden Eisenbahnzug zugekehrt. Hebe beide Arme über den Kopf. In der Dunkelheit läßt sich ein Zug dadurch anhalten, daß du – wiederum der Lokomotive zugekehrt – auf den Gleisen ein Licht hin- und herschwenkst.

Auto- und Lastwagenfahrer

Du zeigst deutlich, daß dein Fahrzeug eine Panne hat, wenn du sowohl Motorhaube wie Kofferraumdeckel öffnest. Binde einen weißen Lappen oder ein Taschentuch an die Antenne. Stell den Blinker an der Fahrbahnseite an, wenn dein Wagen in einer Stellung parkt, die andere Verkehrsteilnehmer gefährdet. Wenn du kein Warndreieck dabei hast (das ist allerdings internationale Vorschrift, und das Dreieck *muß* darum immer im Kofferraum liegen), mach dir aus irgendwelchen Teilen ein Dreieck und stell es in mindestens 45 m Entfernung hinter dem Heck deines Fahrzeuges auf, um die anderen Fahrer zu warnen. Oder nimm die Radkappe ab und lehne sie in der gleichen Entfernung hinter deinem Heck so auf die Fahrbahn, daß sie weithin zu sehen ist. Im äußersten Fall kannst du im Radkappenteller ölgetränkte Lappen anzünden.

Wenn du zu Fuß oder per Rad unterwegs bist und Hilfe für einen Freund brauchst, der irgendwo verletzt im Gebüsch liegt, denk daran, daß auf allen großen Autostraßen in regelmäßigen Abständen (meist alle paar Kilometer) Notruftelefone zu finden sind. Um vorüberflutenden Verkehr anzuhalten, genügt ein behelfsmäßiges Schild, auf dem steht: »Hilfe! Polizei!« oder »Hilfe, Rettungsdienst!«

Waldarbeiter
Jede Art von Rauch ist für Waldarbeiter ein dringendes Warnsignal. Bei trockenem Wetter sind in ausgedehnten Waldgebieten Feuerbeobachter postiert. Doch selbst im Ernstfall, wenn du dringend Hilfe benötigst, sei beim Feueranzünden bitte übertrieben vorsichtig. Von einem einzigen fliegenden Funken sind schon ganze Wälder in Brand gesetzt worden. Auch wenn du in unbewohnte Einsamkeit – die es bei uns ja kaum gibt – verschlagen worden bist, sag nicht: »Nun ist schon alles gleichgültig!« Das Unglück, das du anrichtest, kann unter Umständen größer sein, als das, das dich betroffen hat.

Bauern
Durch Rufen, Pfeifen, Lichtsignale und Notflaggen lassen sich Bauern aufmerksam machen. Du kannst auch Viehherden durch Steinwürfe erschrecken oder größere Felsblöcke bergabrollen lassen. Einem Bauern, der üblicherweise besonders gut sieht und hört, fällt Außergewöhnliches auf seinen Äckern und Feldern sicher sofort auf. Doch du mußt schon ein bißchen Ge-

duld haben und weiterhin Zeichen geben, ehe er sich aufmachen und der Sache nachgehen wird. Auf einen Verdacht hin wird er seine Arbeit nicht im Stich lassen. In Gebirgsgegenden zum Beispiel wird die Tatsache, daß eine Schafherde plötzlich davongaloppiert (du hast mit Steinen nach ihr geworfen, weil du mit gebrochenem Bein irgendwo am Abhang liegst), einen Bauern sicherlich stutzig machen. Hast du das Glück, deinen Hund bei dir zu haben und dein Winken macht auf den Bauern im Tal keinerlei Eindruck, so kannst du den Hund auf die Schafherde loslassen. Wenn die Herde sich beunruhigt zerstreut, wird der Bauer auf dein Winken und Rufen achten. *So drastische Maßnahmen sind selbstverständlich nur in schwerstem Notfall zulässig.* Bedenke auch, daß die Bauern daran gewöhnt sind, daß junge Burschen das ganze Jahr und bei jedem Wetter Wanderungen unternehmen. Um sie auf dich aufmerksam zu machen, mußt du sämtliche Signale anwenden, die du kennst, ganz gleich, in welcher Art von Landschaft du dich befindest.

Flugzeug- und Hubschrauberpiloten
Auch Flugzeugführer sind daran gewöhnt, Menschen durch die einsamsten, abgelegensten Gegenden ziehen zu sehen. Es bedarf einer Besonderheit, um ihre Aufmerksamkeit zu erregen. Die Piloten mancher Maschinen fliegen oft in einer Höhe von 9000 m, das ist höher als der Mount Everest. Und doch kannst du dich ihnen bemerkbar machen – nämlich durch Blinksignale. Sie erreichen sogar Flugzeugführer, die so hoch fliegen, daß du ihre Maschine nicht einmal siehst oder hörst.

Dazu brauchst du einen Spiegel – und Sonnenschein. Scheint die Sonne nicht, so bist du auf Feuer, auf dem Boden ausgelegte SOS-Zeichen und auf Notraketen angewiesen oder mußt eine Taschenlampe gen Himmel richten. Wenn du aber Glück hast und die Sonne scheint, nimm – falls du keinen Spiegel bei dir hast – irgend etwas, was die Strahlen reflektiert. Man hat sogar schon glänzende, grüne Blätter für diesen Zweck erfolgreich verwendet.

Grundsätzlich solltest du die Blinksignale so lange in den Himmel hinaufsenden, bis der Pilot sie bemerkt hat und entweder mit den Flügeln »wackelt«, das heißt, die Maschine abwechselnd nach rechts und links kurz senkt, oder aber wendet und näherkommt. Das Wackeln mit den Flügeln ist seine Möglichkeit, dich wissen zu lassen, daß er dich bemerkt hat. Selbstverständlich werden nun nicht Scharen von internationalen

Bodenzeichen für Rettungsflugzeuge

Langstreckenflugzeugen über dir in Tiefflug gehen; das ist ja auch gar nicht beabsichtigt. Aber im Luftraum gibt es Stunde für Stunde eine Menge kleiner Sportflugzeuge, die den nächsten Flugplatz verständigen können, und außerdem mußt du auch mit Polizeihubschraubern rechnen. Im Augenblick des Überfliegens mußt du dem Piloten unmißverständlich klar machen, daß du wirklich Hilfe brauchst. Dazu mußt du schon vorher auf dem Boden die nachstehend genauer beschriebenen Zeichen ausgelegt haben. Sie lassen sich aus so ziemlich allem herstellen, was zur Hand ist, wie du gleich merken wirst.

Die beiden wichtigsten Signale sind »Brauche einen Arzt« und »In Pfeilrichtung unterwegs«, durch das du zeigst, in welcher Richtung du versuchst, dich zu Fuß durchzuschlagen. Dorthin soll die vom Piloten entsandte Rettungsmannschaft dir folgen, wenn sie aufbricht, um dich zu suchen.

Eine andere Methode ist die, dem Piloten durch Handzeichen deine Notlage zu signalisieren. Die Zeichen findest du im einzelnen auf der Abbildungstafel.

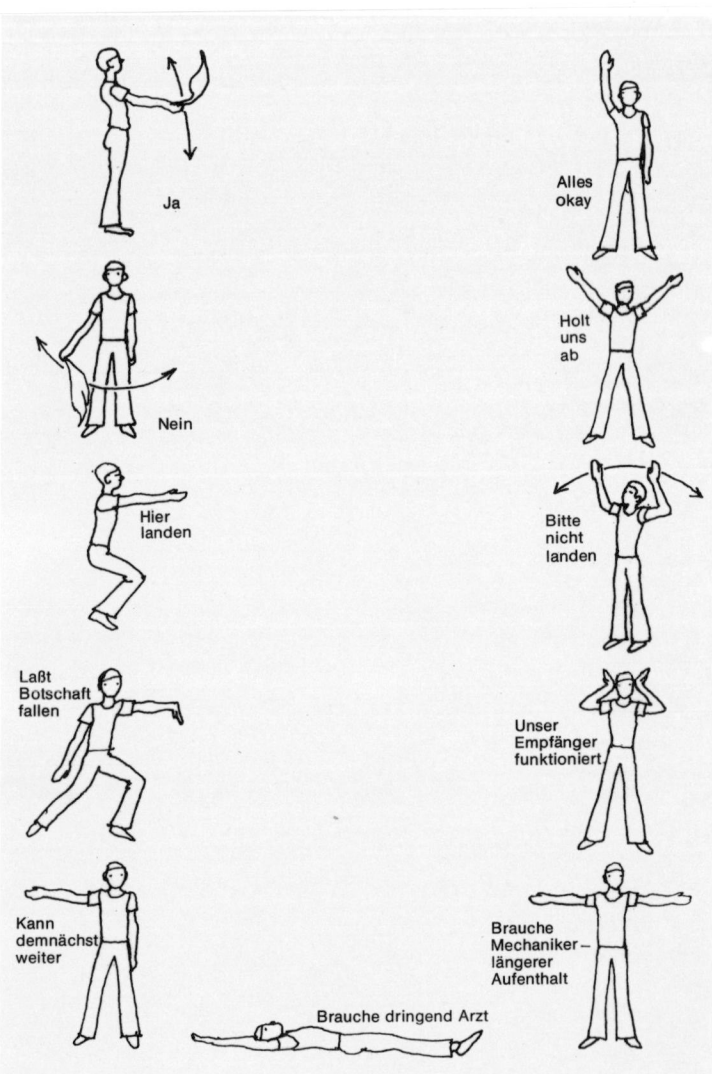

Ja

Alles okay

Nein

Holt uns ab

Hier landen

Bitte nicht landen

Laßt Botschaft fallen

Unser Empfänger funktioniert

Kann demnächst weiter

Brauche Mechaniker – längerer Aufenthalt

Brauche dringend Arzt

Alle Flugzeuge achten auf Rauchzeichen, besonders natürlich dann, wenn bereits eine Suchaktion nach dir angelaufen ist. Jeder weithin sichtbare Rauch erfüllt daher seinen Zweck als Notsignal.

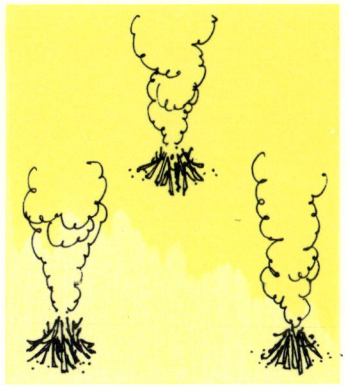

SOS-Signalfeuer

Das wirksamste Feuerzeichen jedoch, das alle Piloten der Welt als Notzeichen erkennen, sind drei Feuerchen, in Form eines gleichschenkligen Dreiecks angelegt, verteilt auf ein Gebiet von 100 Schritt Länge und Breite; das ist etwa die Größe einer Lichtung, auf der notfalls ein Sportflugzeug oder ein Hubschrauber landen könnte. Die Feuer müssen nahe genug beieinander sein, damit du sie alle drei binnen 20 Sekunden anzünden kannst: genauso lange braucht ein Flugzeug zum Überfliegen.

Wenn du absolut nichts zum Signalisieren bei dir hast, mußt du die Landschaft selbst benutzen. Trample Pfade hinein, wühle sie auf, grabe die Buchstaben S O S in den Schnee oder Sand oder bilde diese Buchstaben mit aufgehäuften Steinen und Erdreich, je höher desto besser, weil sie dann nämlich stärkere Schatten werfen. Und die sind von einem Suchflugzeug aus sogar bei Mondschein deutlich zu sehen.

Bergsteiger, Rucksacktouristen und Wanderer

Das internationale Zeichen für Bergnot ist für jeden, der es einmal gehört hat, unverwechselbar: sechs Pfiffe pro Minute, danach eine Minute Pause, dann wieder sechs Pfiffe und so weiter. Wer den Hilferuf hört, erwidert mit drei Pfiffen pro Minute, danach eine Minute Pause und dann wieder drei Pfiffe.

Hast du keine Signalpfeife, benutze stattdessen deine Taschenlampe. Knipse sie im gleichen Rhythmus wie eben beschrieben an und aus – aber nur, wenn du Reservebirnen hast und deine Batterie noch einigermaßen funktionstüchtig ist. Mehr darüber später.

Das Notsignal des internationalen Morse-Alphabets ist anders. Dafür brauchst du nur drei kurze Töne auf der Pfeife zu trillern, dann drei lange, dann wieder drei kurze – danach eine Pause und dann wieder dreimal kurz, dreimal lang, dreimal kurz: SOS. Im Gebirge kannst du dich jedoch auf das Bergnotsignal beschränken. Jeder Bergsteiger, der eine Pfeife trillern hört, wird aufmerksam. Hört er sechs Pfiffe in gleichen Abständen binnen einer Minute, weiß er sofort, was los ist, und wird dich suchen – und finden!

Seeleute und Küstenwachen

Auf See gibt es eine ganze Reihe von Notsignalen. Es ist gut, wenn du sie alle kennst. Nachstehend eine Liste der Möglichkeiten.

Gelber Qualm, bei Tageslicht aus einem Rauchkanister.

Schüsse im Abstand von einer Minute.

Die jeweilige Notflagge, verkehrt herum gehißt.

Flammen auf deinem Boot. (Du kannst benzingetränkte Lappen oder einen Rest im Ölkanister anzünden.)

Rote Sternraketen (am besten in kurzen Abständen geschossen).

Farbe, die das Wasser rings um dein Boot färbt.

Eine quadratische Flagge und ein runder Ball (wobei es gleichgültig ist, ob du den Ball ober- oder unterhalb der Flagge hißt).

Ein in die Bordfunkanlage gesprochenes dreifaches »Mayday-Mayday-Mayday«, danach Name und Position deines

Schiffes und in welcher Notlage es sich befindet.

Ein über den Bordtelegraphen gegebenes Morse-SOS: kurz–kurz–kurz–lang–lang–lang–kurz–kurz–kurz.

Beide Arme seitwärts heben und langsam senken, dann wieder heben und so fort.

Ein rotes Licht von einer hochgehaltenen Fackel (oder an einem winzigen Fallschirm von einer Notrakete herabsinkend).

Die Buchstaben N und C, nebeneinander als Code-Wimpel flattern lassen. Im internationalen Signal-Code bedeutet das: »Bin in Not und brauche rasch Hilfe!«

Tiefe Brummtöne in immer gleichen Abständen auf dem Nebelhorn oder der Schiffspfeife.

Wie und womit du Zeichen geben kannst

Ehe du anfängst, die verschiedenen Methoden auszuprobieren, mit denen man Notsignale erzeugt, noch ein paar wichtige Hinweise. Geh mit deinen Signalmöglichkeiten sehr sparsam um. Sie erschöpfen sich rasch. Signale wie Feuer, Raketen, Taschenlampen oder Blitzlicht halten nur kurz vor, während du Handzeichen, das Aufziehen von Wimpeln und Pfeifentöne so lange fortsetzen kannst, wie du selber durchhältst. Signalisiere daher mit den unersetzlichen und wirkungsvollsten Mitteln nur dann, wenn die Rettungschance am größten und Hilfe nahe ist. Wir sprechen hier selbstverständlich vom Ernstfall. Es hat keinen Sinn, all deine Möglichkeiten zu erschöpfen, wenn kein Mensch in der Nähe ist, der sie wahrnehmen könnte.

Halte die auffallenderen Signale also in Bereitschaft, um sie im entscheidenden Augenblick einzusetzen, das heißt, entzünde dein Feuer erst, wenn du ein Flugzeug hörst. Signalisiere stets auf mehrere Arten. Bist du zum Beispiel mit einem Freund unterwegs, und ihr seid irgendwo auf einem Gebirgspaß verunglückt, so kann der eine bei Sonnenschein mit dem Spiegel blinken, der andere die Bodenzeichen auslegen, drei Feuerstellen errichten oder Handzeichen geben etc.

Versuche mit verschiedenartigen Pfeifen

Geh mit einem Freund hinaus aufs freie Feld. Stellt euch so, daß ein paar hundert Meter zwischen euch liegen. Nun benutzt abwechselnd die verschiedenartigsten Pfeifen und hört euch an, wie sie klingen. Von der Spielzeugpfeife bis zur Trillerpfeife der Polizei gibt es da alle möglichen Arten.

Versuche auch zu lernen, wie die Schafhirten pfeifen. Steck zwei Finger in den Mund, entweder Daumen und Zeigefinger oder Daumen und Mittelfinger. Drücke sie gegen die Zungenspitze. Blase durch den Spalt zwischen den Fingern. Es wird nicht sofort funktionieren, aber schließlich wirst du einen wirklich schrillen Pfiff hervorbringen – wenn du vermeidest, die Zunge zu stark nach hinten zu drücken. Wenn du erst einmal Übung hast, wird man dich kilometerweit hören.

Für dein Survival-Training kannst du dir auch eine Pfeife selbst herstellen. Such dir ein absolut gerades Aststück von einer Platane oder einem anderen geeigneten Baum. Es muß etwa 15 cm lang sein. Mach mit dem Messer oder einem scharfkantigen Stein einen ringförmigen Einschnitt in der Mitte. Benetze nun die Rinde und schlage sie mehrfach auf eine harte Unterlage, zum Beispiel eine Steinplatte. Nach einer Weile sollte sich die Rindenhülle wie eine Manschette vom Holz lösen lassen. Am besten geht das übrigens im Frühjahr, wenn der Saft die Rinde schlüpfriger macht. Schneide nun am oberen Ende des freigelegten Holzes einen Span so ab, wie auf der Abbildung zu sehen ist. Dann schneide eine Kerbe in die Rinde.

Hast du Hülle und Holz wieder zusammengefügt, blase am

Pfeifchen aus Platanenholz

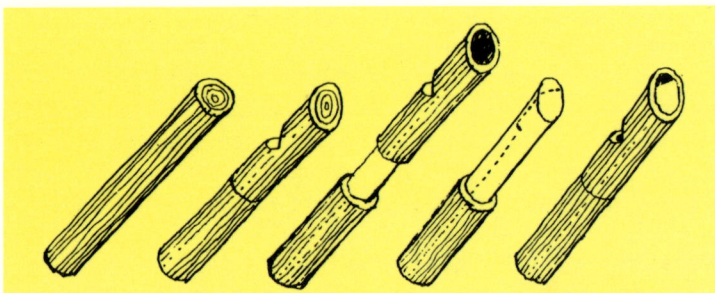

oberen Ende hinein. Wenn es beim erstenmal nicht gleich funktioniert, macht das nichts. Baue immer neue Pfeifen – auch aus verschiedenen Holzarten – damit du es im Schlaf kannst, wenn es einmal darauf ankommt.

Eine andere Pfeife kannst du dir aus dem Stengel des Geschnäbelten Schierlings machen, einer Pflanze, die an Ufern und Böschungen häufig ist. Brich dir ein Stück ab – der Stengel ist innen hohl. Schneide am einen Ende des kurzen Röhrchens eine Kerbe ein (siehe Abbildung), halte die Öffnung am anderen Ende zu und blase!

Es gibt den Ausdruck »sich die Gurgel schmieren«. Genau das tust du, wenn du trinkst, nämlich deine Kehlkopfmuskeln geschmeidiger machen, die manchmal den Dienst versagen, wenn du zu laut geschrien hast. Halte also immer eine kleine Portion Wasser für den Fall in Reserve, daß du rufen willst und keine Stimme mehr hast. Probier es aus! Trenne dich von einem Kameraden und schrei dich über Felder und Wälder nach ihm heiser. Dann trink einen Schluck aus einem Bach oder – es ist ja nicht der Ernstfall! – aus einer Flasche Limonade. Du wirst merken, daß du jetzt doppelt so laut brüllen kannst, obwohl deine Stimmbänder eben noch überanstrengt waren und versagten. Bemühe dich, in tiefer Stimmlage zu rufen, gewissermaßen im Baß, so trägt der Schall weiter. Denk dabei an das Nebelhorn. Schone übrigens deine Stimme ebenso wie die Batterie deiner Taschenlampe, bis die Chance besteht, daß dich jemand hört. Noch ein kleiner Trick: Steck dir die Finger in die Ohren! Man kann lauter schreien, wenn man sich selbst nicht hört.

Leucht- und Signalfeuer

Hierbei ist besondere Vorsicht geboten, erstens wegen der polizeilichen Vorschriften, zweitens wegen der Bäume und Büsche in der Nähe. Wenn du das beachtest, versuche bitte unter verschiedensten Wetter- und Umweltbedingungen, ein Signalfeuer in Gang zu bekommen. Mach dir drei kleine Scheiterhaufen, decke sie zu und versuche sie an einem regnerischen, windigen Tag mit einem Schlag in Brand zu setzen – denn das müßtest du zum Beispiel auf einer einsamen Insel auch, wenn plötzlich ein Schiff am Horizont erscheint.

Alles über Feueranzünden steht in Kapitel 3. Nur noch ein paar Tips. Probiere aus, womit sich deine Holzstöße abdecken und trocken halten lassen: flache Steine, Schieferplatten, Rasensoden, großblättrige Zweige.

Lerne deinen Reserveholzvorrat so unterzubringen, daß er bis zu dem Augenblick trocken bleibt, in dem du ihn brauchst.

An einem windigen Tag kannst du mit klammen Fingern kein Streichholz anzünden. Hauche erst so lange in die Hände, bis sie warm sind, oder steck sie in die Achselhöhlen. Wende dich gegen den Wind, bilde aus den hohlen Händen einen Napf, in dem du Streichholzschachtel und Streichholz hältst. Sobald du das Streichholz angerissen hast, halte es mit dem Kopf nach unten in den Windschutz deiner Hände, so daß die Flamme am Streichholz entlang nach oben brennen kann. Wenn deine Zündhölzer einmal feucht geworden sind, kannst du sie dadurch trocknen, daß du sie leicht durch die Haare ziehst.

Sämtliche öl- und benzingetränkten Lappen sind hervorragendes Anfeuermaterial. Bist du mit dem Flugzeug oder Wagen verunglückt, sind solche Lappen ohnehin meist vorhanden. Ein weiterer ausgezeichneter Zünder ist ein brennender Tannenzweig. Um das auszuprobieren, nimm einen, der am Boden liegt. Für bloße Übungen reiße bitte keine Zweige von Bäumen ab.

Rauchsignale und wie man sie herstellt

Will man die Aufmerksamkeit einer Rettungs- oder Suchmannschaft auf sich lenken, so lautet die Regel: *nachts Feuer, tags Rauch*. Man kann sich Rauch zwar selber herstellen, doch in Geschäften für Schiffahrtszubehör gibt es auch Rauchkanister zu kaufen, die orangegelben Rauch produzieren, den man bei Tageslicht sehr gut sieht.

Selbstfabrizierter Rauch ist entweder weiß oder schwarz. Dicker schwarzer Rauch ist bei trübem Wetter und bedecktem Himmel am weitesten sichtbar. Du kannst dich selbst davon überzeugen, wenn dir ein Kamerad in zwei Kilometern Entfernung schwarze Rauchzeichen gibt. Schwarzer Rauch läßt sich erzeugen, indem man Gummistücke, Plastik, Öllappen oder

Klumpen von Tierfett auf die Flammen wirft. Sehr gut eignet sich auch Styropor, das ist ein Kunststoff, in den Radioapparate und andere technische Produkte verpackt werden, wenn sie die Fabrik verlassen. Dieses Material kann gleichzeitig auf Wasser schwimmen *und* schwarzen Rauch abgeben. Das ist wichtig zu wissen, wenn du in einem kleinen Boot in Seenot bist und keine andere Möglichkeit hast, Rauchzeichen zu geben. Laß dann einfach eine brennende Styropor-Schachtel neben dir her treiben.

Dicker weißer Rauch hebt sich an klaren Tagen gut vom blauem Himmel ab. Für ihn brauchst du nur feuchtes Moos, grüne Zweige und ein regelmäßiges Bespritzen mit Wasser (wenn kein Wasser in der Nähe ist, notfalls mit Urin).

Das Taschentuch als Notsignal

Dein Taschentuch kannst du auf zwei Arten als Notsignal benutzen, als Fahne und als Drachen. Wenn du dir einen Drachen machen willst, lege das Taschentuch – oder ein anderes vierekkiges Stoffstück – flach auf den Boden. Jetzt nimm zwei dünne, elastische Gerten oder Zweige und lege sie diagonal über Kreuz auf das Tuch. Befestige jede Stoffecke an einem Zweigende, indem du es mit Schnur, Schnürsenkel oder Draht festbindest. Umwickle die beiden Zweige auch am Schnittpunkt des Kreuzes. Jetzt dürfte das Taschentuch straff gespannt sein.

Knüpfe nun zwei Stücke Schnur von etwa 45 cm Länge an die einander gegenüberliegenden Enden des einen Zweiges. Dann knote die beiden Schnurstücke an eine lange Schnur, mit der du den Drachen steigen lassen willst. Sowie alles bereit ist, laß den Wind deinen Drachen erfassen, so daß sich das Tuch von den Zweigen wegwölbt und mit Luft füllt. Jetzt wird er steigen, vorausgesetzt, du läßt Schnur nach und holst sie wieder ein, wie bei jedem anderen Drachen auch.

Fahnen und Flaggen sieht man am besten, wenn sie langsam hin und her geschwenkt werden. Probier das gleich einmal aus. Bitte einen Freund, sich ein gutes Stück entfernt auf einen Hügel zu stellen. Wenn du einen Flaggenmast brauchst, kannst du jeden Stock, Pfahl, Baumstamm, ein Paddel, ja selbst eine Felswand benutzen.

Der Versuch ist besonders wichtig, wenn du ein Paddel- oder Segelboot hast. Bitte den Freund, am Ufer zu warten. Rudere oder segle ein gutes Stück aufs Meer oder den See hinaus. Binde eine Flagge – wie gesagt, eignet sich ein Taschentuch glänzend dafür – an ein Paddel oder Ruder. Hebe sie hoch und schwenke sie hin und her. Der Stoff wird in seinem eigenen Luftzug flattern, auch an einem windstillen Tag, und ist dadurch deutlich als Notsignal zu erkennen.

Flaggen müssen nicht nur so hoch wie möglich flattern, sie müssen sich auch deutlich vom Hintergrund abheben. Rot, gelb oder orange sind geeignete Kontrastfarben. Wünsch dir also zu Weihnachten bunte Taschentücher.

Lichtsignale mit einem Dosendeckel

Durch Anblinken läßt sich selbst der Pilot eines in großer Höhe fliegenden Flugzeuges aufmerksam machen. Beim Survival-Training mach deine Blinkversuche aber bitte mit einem Freund, der in größerer Entfernung von dir irgendwo im Gelände steht. *Auf gar keinen Fall dürfen Flugzeuge zu Übungszwecken angeblinkt werden.* Erstens könntest du den Piloten sekundenlang blenden, wenn ihn dein Blinkzeichen trifft. Zweitens kann er annehmen, du seist tatsächlich in Not, und das kann weitreichende Folgen haben. *Das Anblinken von Flugzeugen ist nur in Fällen allergrößter Gefahr vertretbar.*

Als Spiegelersatz kannst du den Dosendeckel deines Survival-Kits verwenden, wenn er aus glänzendem Material ist. Schlage ein Loch durch die Mitte, und poliere den Deckel mit deinem Ärmel blitzblank.

Taxiere den Standort der Sonne und den deines Freundes, der dein Signal auffangen soll. Ist der Winkel zwischen ihm und der Sonne kleiner als 90°, signalisiere so:

Methode A:

Halte den Dosendeckel etwa 15 cm vor deinem Gesicht in die Höhe. Durch das Loch in der Mitte kannst du deinen Freund leicht anvisieren. Das Sonnenlicht wird durch das Loch auf dein Gesicht fallen, und du wirst dich auf der spiegelnden Seite des Dosendeckels, die dir zugekehrt ist, sehen. Nun versuche, dei-

Signalisieren mit dem Dosendeckel

nen Freund genau in dieses Deckelloch hineinzubekommen. Danach neige den Deckel so lange, bis der Sonnenfleck auf deiner Wange wieder im Loch verschwindet. Jetzt blitzt du deinen Freund direkt an. Wäre er ein Schiff oder Flugzeug, hätte er dein Signal bereits aufgefangen.

Angenommen, der Winkel zwischen der Sonne und deinem Freund beträgt mehr als 90°, mußt du anders signalisieren.

Methode B:
Balanciere den Dosendeckel aufrecht auf deiner Handfläche, indem du ihn mit dem Daumen stützt. – Aber gib acht, daß deine Fingerspitzen nicht im Wege sind. Wenn du nun die Hand vor dein Gesicht hebst und deinen Freund durch das Loch in der Mitte anschaust, neige den Blechdeckel ein wenig. Er muß diesmal viel flacher liegen als bei Methode A, und die Sonne muß mehr über ihn wegschauen als frontal von ihm zurückgeworfen werden. (Das klingt kompliziert, ist es aber nicht, wie du dich mit einem Blick auf die Abbildung selbst überzeugen kannst.) Halte den Deckel also erst direkt der Sonne zugekehrt, so daß ein Fleck Sonnenlicht durch das Loch in deine hohle Hand fällt. Und jetzt neige den Deckel deinem Freund zu und schau durch das Loch auf ihn. Solange du ihn siehst und noch immer ein Lichtfleck durch das Loch in deinen Handteller fällt, hast du es fast geschafft. Behalte deinen Freund fest im Auge und neige den Deckel immer weiter, bis der Lichtfleck auf der Hand wieder durch das Loch verschwindet. Jetzt blinkst du richtig – dein Freund wird es dir bestätigen.

Es gibt noch eine dritte Methode des Signalisierens, wenn du nämlich nur eine Glasscherbe hast. Bei der läßt sich nicht durch das Mittelloch visieren. Trotzdem eignet sich beispielsweise ein Stück Flaschenglas ausgezeichnet zum Blinken.

Methode C:
Halte die Glasscherbe in die Sonne. Die andere Hand hältst du mit ausgestrecktem Arm so vor dein Gesicht, daß du das Bild deines entfernt stehenden Freundes dadurch verdeckst. Neige die Scherbe hierhin und dorthin, bis du deine andere Hand mit dem von der Scherbe reflektierten Sonnenfleck triffst. Visiere

nun deinen Freund durch einen Spalt zwischen deinen Fingern an, laß die Scherbe auf die Finger blinken und senke sie langsam. Jetzt müßte das Signal deinen Freund erreichen.

Alle drei Methoden kannst du übrigens auch allein üben. Klebe Haushaltsfolie oder Staniolpapier auf ein langes, schmales Brett, stelle es auf eine Mauer oder Hecke oder lehne es an einen Stein. Blinke es mit den drei verschiedenen Methoden an. Es wird, wenn du die Folie im richtigen Winkel triffst, dein Signal zurückwerfen.

Tricks, um die Lebensdauer einer Taschenlampenbatterie zu verlängern

Probier auf Abendspaziergängen in unbeleuchteten Gegenden diese Spartricks aus, dann wirst du im Notfall deine Taschenlampe länger benutzen können.

Der Schein einer Taschenlampe kann durch Schnee oder etwas Spiegelndes wesentlich verstärkt werden. Versuche es und überzeuge dich selbst.

Der Lichtkegel ist besser zu sehen, wenn du die Lampe hin- und herschwenkst.

Mit einer Taschenlampe kann man morsen oder das internationale Bergnotsignal abgeben. Dabei wird die Birne natürlich stark beansprucht. Wenn du also signalisierst, schalte ein, aber statt wieder auszuknipsen, halte die Birne mit der Hand zu. Ist jedoch die Batterie bereits schwach, benutze den Knipser und knipse ein und aus.

Bei großer Kälte (und großer Hitze) verbraucht sich eine Batterie schneller als unter normalen Bedingungen. Eine bereits schwache Batterie läßt sich noch einmal aufmuntern, wenn du sie bei Kälte etwa eine halbe Stunde unmittelbar auf dem Körper, etwa in der Achselhöhle, trägst.

Batteriegetriebene Geräte sind empfindlich und versagen leicht. Wenn du zufällig bei einem Notfall eine starke Stablampe bei dir hast, so betrachte das als ein Glück und benutze sie äußerst sparsam, denn du kannst nie wissen, wie lange du noch auf ihre Hilfe angewiesen bist.

Mit den Augen eines Piloten

Such dir eine ebene Stelle unterhalb eines hochgelegenen Aussichtspunktes; das kann ein Hügel sein, eine steile Klippe, sogar ein überhohes Gebäude. Und nun schau dir einmal an, wie die Signale, mit denen du Piloten auf dich aufmerksam machen willst, von oben aussehen. Du kannst dich dann mit eigenen Augen davon überzeugen, ob das, was du aufgebaut hast, wirklich deutlich sichtbar ist.

Bau erst einmal am Boden alle die Zeichen auf, die in diesem Kapitel beschrieben sind. Mach sie sehr groß, damit man sie von oben gut sieht. Welches Material du dazu verwendest, liegt ganz bei dir; doch es sollte etwas sein, das auch in einer echten Notsituation zur Verfügung stünde. Bist du etwa Paddler, dann mach dir Signalzeichen aus dem farbigsten Kleidungsstück, das du bei dir hast: einem roten Pulli, einer orangefarbenen Schwimmweste, einem gelben Regencape, einem blauen Sturzhelm usw. Schau dir den Hintergrund an und achte darauf, daß sich dein Notzeichen gut davon abhebt. Ein grünes T-Shirt auf einer Wiese ist kein sehr geeignetes Signal.

Dreidimensionales SOS-Signal

Versuch zweitens, in den Schnee oder Sand zu »schreiben«. Tritt die Buchstaben für das SOS so, daß jeder 7 m groß ist. Aber dann grabe sie tief aus. Nimm dir einen flachen Stein als Schaufel. Du hast vielleicht im Ernstfall auch nichts anderes. Vor allem muß der Schnee oder Sand, den du ausgräbst, hoch neben den Buchstaben angehäuft werden, damit sie bei Sonne und Mond lange Schatten werfen. Diese Schatten lassen sich mit Erde, Blättern, Steinen und Lehm noch betonen, so daß von oben jeder Buchstabe dreidimensional zu sehen ist.

Ist weder Schnee noch Sand vorhanden, so kannst du die Buchstaben auch *auslegen,* indem du gewissermaßen Mäuerchen aus Steinen, Laub und Erde aufbaust.

Denk daran, daß sich auch aus Abfall und Müll Bodenzeichen machen lassen. Blechteile eines verunglückten Wagens zum Beispiel reflektieren das Licht und werden aus der Luft deutlich gesehen.

Bitte räume, ehe du gehst, deine Notsignale wieder weg beziehungsweise ebne sie ein. Zertrample bei dieser Übung nicht die ganze Gegend; zünde kein Gras an, das weiterschwelen könnte; reiße keine Steine aus und hause auch sonst nicht wie ein Vandale. Daß du es im Ernstfall mußt, ist selbstverständlich.

Vom Ufer aus

Paddle oder rudere mit deinem Boot so weit hinaus, daß du vom Fluß- oder Seeufer ein gutes Stück entfernt bist. (Bitte, versuche so etwas nicht auf dem Meer, und auch sonst nur auf ruhigem Wasser, etwa in einer Bucht. Selbstverständlich mußt du für dieses Experiment ein geübter Schwimmer sein.) Bring dein Boot zum Kentern und schwimm ans Ufer. Dann schwimm zu deinem Fahrzeug zurück und klettere hinauf. Jetzt winke mit einem Kleidungsstück als Fahne (am besten an ein Ruder oder Paddel gebunden).

Der Freund, der dich vom Ufer aus beobachtet, wird zwei wichtige Dinge feststellen: daß er dich so gut wie gar nicht gesehen hat, solange du geschwommen bist und nur dein Kopf aus dem Wasser ragte (so würde es auch einer Suchmannschaft ergehen) – und daß du weithin sichtbar bist, wenn du oben auf dem umgeschlagenen Boot sitzt und mit etwas winkst. (Mädchen notfalls mit ihrem Bikini!)

Wenn du also einmal kentern solltest oder hilflos ins Meer hinaustreibst, denke immer daran: BLEIB BEIM BOOT! GIB NOTSIGNALE! Wer das Boot losläßt und versucht, die Küste schwimmend zu erreichen, kann eventuell, ausgepumpt durch

Wind und Gegenströmung, das rettende Ufer nicht mehr schaffen und ist für Suchmannschaften so gut wie unsichtbar.

Stehen dir mehrere Boote zur Verfügung, laß ein paar Freunde an verschiedene Stellen des Sees rudern. Dann laß sie alle zusammenkommen und ihre Fahrzeuge in einem Abstand von etwa 7 m zu einem Kreis zusammenbinden. Du wirst sofort feststellen, daß sie nun viel besser sichtbar sind. Ein Pilot kann Rettungsboote und aufblasbare Gummiflöße nach einer Schiffskatastrophe mühelos ausmachen, wenn sie zu einem Kreis aneinandergebunden sind. Wenn sie einzeln herumschippern, sind sie sehr schwer zu erkennen und verlieren auch noch den Kontakt untereinander.

Raketen- und Leuchtkugelübungen

Feuerwerkskörper und Leuchtkugeln sind eine riskante Sache. Du darfst sie nur weit draußen, fern jeder menschlichen Behausung, anwenden, und es sollten auch keine Bäume und Sträucher in der Nähe sein. Es ist sowieso nicht sehr wichtig, großartige Übungen mit ihnen abzuhalten, denn auf jeder Packung sind die genauen Gebrauchsanweisungen aufgedruckt. Es gibt folgende Sorten.

Weiße Leuchtkugeln. Sie sind nicht direkt Notsignale, wenn du aber nichts anderes hast, können sie immerhin die Aufmerksamkeit auf dich lenken.

Rote Leuchtkugeln mit Fallschirm. Sie können bis zu 300 m hoch steigen und auch durch eine Wolkenbank noch hindurchleuchten. Am besten anzuwenden sind sie nachts, und unter günstigsten Bedingungen werden sie bis zu 70 km weit gesehen. Gib acht, es fallen manchmal heiße Metallstücke von ihnen herunter.

Sprühkugeln. Auch sie wirken nachts am besten. Sie versprühen Sterne, die mehrere Sekunden lang am Himmel stehen.

Handraketen. Sie sind 7 km weit zu sehen, und an wolkigen, bedeckten Tagen können sie deinen Standort sehr genau angeben. Auch Handraketen versprühen Sterne.

Es sind schon Menschen gerettet worden, sowohl im Gebirge wie auf dem Meer, weil gerade ihre letzte Leuchtkugel gesehen wurde. Es kommt also auch auf die letzte noch an. Geh daher mit deinen Raketen vorsichtig um. Brenne sie nicht nacheinander einfach alle ab. Warte, bis die Chance, daß einer sie sieht, besonders günstig erscheint.

Auch wenn du Raketen nur übungshalber abbrennst, sei sehr vorsichtig damit. Lerne, mit ihnen umzugehen. Kontrolliere, ob die Raketen mit dem Feuerwerkskörper nach oben stehen und ob sie eine schräge Lage haben, ehe du sie anzündest. Sonst zischen sie waagrecht weg, erreichen die nötige Höhe nicht und können außerdem noch Schaden anrichten.

Wenn eine Rakete nicht gleich funktioniert: WARTE! Manche Arten brauchen mehrere Sekunden, nachdem die Lasche abgerissen ist, ehe die Lunte sich entzündet. Wenn nach ein paar Minuten noch immer nichts passiert ist, bastele nicht an der Rakete herum, sondern übergieße sie mit Wasser und decke sie mit Steinen und Erde zu.

Mach es dir zur Gewohnheit, Feuerwerkskörper immer nur einzeln aus der Packung zu nehmen und den Deckel *sofort* wieder zu schließen. Befolge die aufgedruckten Anweisungen buchstabengetreu. Dort steht beispielsweise, daß man Raketen nur am gestreckten Arm von sich weg anzünden darf. Lies solche Gebrauchsanweisungen beim Schein deiner Taschenlampe und nicht beim Licht eines Streichholzes oder Feuerzeuges.

8. Bleiben oder weiter- gehen – und andere Fragen des Survivals

Ob man als Verirrter oder Verunglückter am Ort ausharren und auf Hilfe warten oder lieber aufbrechen und nach Hilfe suchen soll, das ist eine außerordentlich schwierige Frage, die von Fall zu Fall anders beantwortet werden muß.

Die meisten Menschen werden wohl geneigt sein, koste es, was es wolle, in die Zivilisation zurückzukehren. Das ist häufig auch die richtige Entscheidung.

Trotzdem: Überstürze deinen Aufbruch nicht. Es ist oft besser, am Unglücksort zu bleiben, wo du für den Augenblick einigermaßen warm und sicher bist. Wenn du einfach so auf blauen Dunst losgehst, können eine ganze Menge Dinge eintreten, die dich wünschen lassen, doch lieber an Ort und Stelle geblieben zu sein: Die Gegend, durch die du gehen mußt, ist zum Beispiel so unwegsam, daß du dich nur noch weiter verirrst; das Wetter wird miserabel; der Zustand deines verletzten Freundes oder dein eigener Zustand verschlimmern sich usw. Du mußt dir all das gut überlegen, ehe du selber Hilfe holen gehst. Vor allem mußt du in jeder Weise *fit* sein, darfst nicht etwa ein gebrochenes Bein haben und mußt wissen, in welche Richtung du dich zu wenden hast. Gibt es keinen Weg, kein Dorf, keine Siedlung dort, wohin du dich aufmachst, ist es besser, du bleibst an deinem Platz und gibst Notrufzeichen.

Die Chance, daß jemand auf dich aufmerksam wird oder auch ganz zufällig auf dich stößt, darfst du nicht zu gering veranschlagen. Anders sieht die Sache natürlich aus, wenn du ganz genau weißt, wo du bist, und auch den Weg kennst, den du nehmen mußt, um mit Sicherheit auf Hilfe zu stoßen. Selbstverständlich gibt es auch Situationen, in denen deutlich wird, daß du nicht bleiben *kannst,* auch wenn dir Gewaltmärsche bevorstehen, zum Beispiel weil du schon seit Tagen oder Wochen am Unglücksort bist und deine Hilfsquellen aufgebraucht sind: dein Holzvorrat, deine Zündhölzer, deine Kerzen, dein Wasser und deine Nahrung. Wenn in einer solchen Situation keine Hilfe zu erwarten ist, mußt du nach sorgfältigem Erwägen aller Für und Wider aufbrechen und losmarschieren. Die Entscheidung kann dir keiner abnehmen, und sie wird nicht leicht sein. Hast du sie aber einmal getroffen, so zögere und schwanke nicht mehr und verwende deine ganze Kraft darauf, die Sache gut zu Ende zu bringen.

Unterkunft und Wärme

Auch wenn du in einer Großstadt wohnst, gibt es bestimmt nicht allzu weit von deinem Zuhause einen Platz, wo du dein Überlebens-Training machen kannst. Fahr mit Bus oder Bahn, schwing dich aufs Rad oder nimm die Füße in die Hand und lerne deine Umgebung kennen. Such in deiner Schulbücherei und in der städtischen Leihbibliothek nach Wanderführern durch die engere Heimat.

Wohnst du in einem Dorf, such dir die abgelegenste, rauheste, menschenleerste Gegend aus, die in der Nähe zu finden ist.

Meide Äcker, Ufer und Obstgärten. Sieh dich um nach Wiesen, Felsgrund, farnbewachsenen Kuppen, Dorngestrüpp, Kreidefelsen, Sandsteinklippen, Krüppelahorn, Nadelbäumen, Torfmooren und Heide.

Abgelegenes Gelände ist besser als ein Stadtpark. Wenn irgendwo Menschen vorbeikommen, geben sie dir gute Ratschläge, stehen rum und halten Maulaffen feil und stören dich. In völliger Einsamkeit wird dich niemand in deinem Biwak aufstöbern. Ist ein Bauernhaus in der Nähe, so frage die Leute um Erlaubnis, ob du auf ihrem Grund und Boden kampieren darfst.

Such dir einen Platz mit genügend Brennholz; vermeide jedoch den Wald wegen der Feuergefahr. Sieh dich um, ob irgendwo eine Warntafel aufgestellt ist »Naturschutzgebiet, zelten und feuermachen verboten«; dann mußt du weiterziehen. Schön wäre auch ein Bach mit Fischen darin, eine Stelle, die Morgensonne hat, damit du ihre Strahlen für Signalisierübungen einfangen kannst, ebener, begraster Boden – geschützt hinter einer Mauer, einer Felswand, Hecke oder Baumgruppe – damit du an ihrer windabgewandten Seite deine Unterkunft aufschlagen kannst.

Meide stehende Gewässer mit Weiden und Seerosen. Dort sind Mücken, abends feuchter Dunst und kalte Luftströmungen. Meide Bäume, die dich unmittelbar überschatten. Meide hohes, langes Gras (es ist Ungeziefer darin), Lehmboden, Sandbänke, Niederungen, Weiden mit Pferden und Kühen oder Schweinen (sie können Zelte umreißen und zertrampeln). Meide auch die Grundstücke anderer Leute. Die Ränder von verkehrsreichen Straßen und rasch fließenden Gewässern sind ebenso ungeeignet zum Zelten.

Hast du einen wirklich geeigneten Biwakplatz entdeckt und der Wetterbericht für die nächsten Tage ist gut, so brich zu deiner Survival-Trainings-Tour auf. Zieh deine ältesten Sachen an. Nimm ein Regencape mit und mehrere Pullover. Vergiß die Stiefel nicht, die Armbanduhr, Messer und beide Survival-Kits. Bedenke dabei: die Survival-Kits sind deine eiserne Reserve! Versuche beim Training unbedingt ohne sie auszukommen. Du solltest sie geschlossen wieder heimbringen.

Wie gesagt: im Ernstfall ist (fast) alles erlaubt. Aber jetzt beim Training reiß keine Mauern um, keine Zaunpfähle aus, brich keine grünen Zweige vom Baum. Alles, was du brauchst, wird sich wahrscheinlich ohnehin am Boden finden lassen. Lerne erkennen, daß deine Unterkunft nicht im Handumdrehen aufgebaut ist, und fang schon morgens mit der Arbeit an – nicht erst am späten Nachmittag. Dann kannst du deine Versuche in aller Ruhe durchführen und gegebenenfalls einen Fehler korrigieren.

In Kapitel 4 ist über Unterkünfte bereits alles gesagt, und wenn du es dir jetzt noch einmal anschaust, wirst du später, wenn du draußen in freier Natur bist, sofort einen Blick dafür haben, was du alles zum Bauen verwenden kannst. Gib dir besondere Mühe mit deiner Lagerstatt. Probiere selbst aus, daß

Pflanzen, die viel Saft enthalten, schlechtes Lager- und Matratzenmaterial sind. Heu, alter Ginster, brüchige Rinde, Holz und Reisig, die beim Brechen richtig knacken, sind viel besser.

Warnung: In heißen Ländern mußt du dich übrigens genauso sorgsam gegen Hitze isolieren wie hierzulande gegen Kälte. Ein überhitzter Körper ist ebenso gefährdet wie einer, der Wärme verliert.

Als nächstes kommt das Sammeln des Holzvorrates an die Reihe (siehe Kapitel 3), und danach konzentrierst du dich auf das Zubereiten einer Abendmahlzeit.

Doch nun wird's schwierig. Die Dunkelheit senkt sich herab und du denkst dir: »Wäre ich doch daheim in meinem bequemen Bett.« Hierzu laß dir etwas Wichtiges sagen.

Ein Survival-Experiment hat nur dann Sinn, wenn du es als echten Notfall behandelst. Falls du bei der ersten Gelegenheit aufgibst, prüfe dich genau. Es braucht noch nicht zu heißen, daß du im Katastrophenfall versagst. Aber du hast dann etwas Wesentliches verpaßt, nämlich die Gelegenheit, deine Grenzen zu erproben und aus Erfahrung zu lernen. In einer Notsituation bist du um so gefährdeter, je weniger du die Fähigkeit hast, dich auch einmal anzustrengen und Unbequemlichkeiten auf dich zu nehmen.

Selbstverständlich gibt es manchmal Umstände, unter denen man das Survival-Training abbrechen muß. Nimm es dann nicht tragisch. Zumindest hat das Experiment dich mit einigen der psychologischen und physiologischen Probleme einer echten Notsituation vertraut gemacht, über die du nachdenken kannst.

Energie

Unterkunft und Wärme sind die lebenswichtigen Survival-Elemente. Zu ihnen kommt alles, was dir hilft, deine Energie zu erhalten und zu bewahren. Beachte während deiner zwei Probenächte im Freien folgende Tips.

Trocken bleiben. Den Wetterbericht haben wir schon erwähnt. Wenn es wie aus Kannen schüttet, hast du eine wirklich stichhaltige Entschuldigung, dein Experiment abzubrechen und es zu einem späteren Zeitpunkt zu wiederholen. Du bist noch untrainiert, und es wäre riskant, in nassen Kleidern, die jede Isolierkraft verloren haben, eine Nacht im Freien zu verbringen.

Bring dich nicht in Schweiß. Auch wenn das Wetter noch so trocken ist, wenn du schwitzt, wirst du naß. Beim Schwitzen verbrauchst du zu viel Kraft und verbrennst unnötig Kalorien. Außerdem macht es durstig, und es kann ja sein, daß dein Wasservorrat knapp ist.

Immer schön geruhsam. Bei aller Muskelarbeit – ob nun Unterkunftsbau, Holzmachen, Balkenzerren, Bettenrichten – bemühe dich, nicht hastig zu sein. Bleibe gemächlich.

Leg Pausen ein. Nach jeder vollen Stunde brauchst du mindestens fünf Minuten Ruhe. Das hat mit Verweichlichung nichts zu tun: die Muskeln können während dieser Erholungszeit die bei schwerer Arbeit angesammelten Schlacken abbauen. Willkürliche Pausen in unregelmäßigen Abständen sind weniger zu empfehlen.

Trinke, aber etwas Warmes. Wenn du kaltes Wasser trinkst, muß dein Organismus kostbare Energie darauf verwenden, es auf Körpertemperatur zu erwärmen. Trinke warme Flüssigkeiten, und du sparst Kalorien.

Behalte die Mütze auf. Wer im Freien arbeitet – etwa die sprichwörtlichen Hirten auf dem Felde –, weiß den Wert einer Kopfbedeckung zu schätzen. Das Gehirn wird mit 20 % der gesamten Blutmenge beliefert und verbraucht ein Viertel allen Sauerstoffs. Ein unbedeckter Kopf kann daher einen Großteil der Körperwärme entweichen lassen – die reinste Energieverschwendung!

Bei allem sollst du dich wohlfühlen. Wenn du dich bei der Tätigkeit, die du gerade ausübst, ungut fühlst und nicht einigermaßen behaglich – den Umständen entsprechend, versteht sich –, machst du etwas falsch. Blaugefrorene Hände, rote Fingerspitzen und dazu eine blaue Nase sind eine Farbenkombination, die dir zeigt, daß du wertvolle Körperwärme verlierst. Zieh dir etwas Zusätzliches über und sorge dafür, daß du in den Windschatten kommst, ehe es noch kälter wird.

Werde nicht unruhig oder ängstlich. Auch die Seele braucht

Kalorien. Wenn du gewöhnlich noch so vernünftig bist: Schreck, Panik und Angst können dich derart überwältigen, daß du unschätzbare Energie verlierst. Versuche immer, einen klaren Kopf zu behalten. Laß dich nicht so schnell aus der Fassung bringen. – Das kannst du wirklich trainieren!

Iß zwischendurch. Knabbere, kaue und schlucke, was immer sich findet. Während du Unterkünfte baust, Feuerholz zusammenträgst und Nahrung suchst – kaue etwas Eßbares. Es schafft Energie.

Die Nahrungssuche

Probiere bei deinem Survival-Training die verschiedensten Arten der natürlich vorkommenden Nahrungsmittel. Manche – wie zum Beispiel Schnecken und Frösche – sind dir bestimmt widerlich, und du wirst erst auf sie zurückkommen, wenn du vor Hunger nicht mehr ein und aus weißt; andere aber, Beeren, Nüsse und Wildfrüchte zum Beispiel, sind von Anfang an gut und bringen dich auf den Geschmack.

Eßbares schenkt Körperwärme und Energie, auch wenn es roh und »Kaltnahrung« ist. Die darin enthaltenen Proteine und Kohlehydrate heizen deinen inneren Ofen trotzdem an. Wasser- oder Brunnenkresse zum Beispiel ist ein guter Proteinträger, und so manches andere Grünzeug, das wie kümmerliches Unkraut aussieht, liefert dir gutes Heizmaterial für den Organismus.

Ein normaler, gesunder Mensch kann, wenn er nicht verletzt ist, 200 Stunden ohne Schlaf, etwa 10 Tage ohne Wasser (außer in der Wüste und in den Tropen) und wochenlang ohne feste Nahrung auskommen. Irgend etwas aber muß auch er zu sich nehmen, sonst beginnt der Körper »autokannibalisch« zu werden, wie das Fremdwort lautet. Er zehrt sich selbst auf: erst die Kohlehydrate, dann die Fettschichten, dann die Proteine der Muskeln und Sehnen. Und obwohl das mehrere Wochen dauert, wird doch, ehe man tatsächlich verhungert, die Funktionstüchtigkeit, die im Notfall über Tod und Leben entscheidet, herabgesetzt.

Du sollst darum durch eine Reihe von Experimenten herausfinden, wo du in der Natur Nahrung suchen mußt, wenn einmal deine Vorräte aufgebraucht sind. Als erstes aber mußt du lernen, was giftig ist. Es gibt Fälle, in denen ein einziger Bissen dich umbringen kann.

Es würde ein ganzes Buch füllen, alle giftigen Pflanzen zu beschreiben, die in den verschiedenen Ländern und Landschaften wachsen. Und selbst, wenn du meinst, die giftigen zu kennen – sicher bist du nie. Prüfe sie darum vorher, und zwar nach einer Methode, die du bei jedem Kraut, Blatt, Halm, jeder Wurzel und Beere, anwenden solltest, wenn du Zweifel hast. Die Testanweisung lautet: *Erst riechen, dann schauen, dann schmecken und dann – warten!*

Riechen: Riecht die Pflanze stark, dann laß sie stehen.

Schauen: Schau, ob sich milchiger Saft aus der Pflanze pressen läßt. Wenn ja, iß sie nicht.

Schmecken: das heißt, mit der Zunge vorsichtig den Geschmack erproben! Nicht runterschlucken! – Schmeckt die Pflanze sofort bitter? Wenn nicht, beiß ein kleines Stückchen ab, steck es hinter die Unterlippe und laß es dort fünf Minuten liegen. Nur wenn es noch immer nicht bitter, seifig, brennend oder sonstwie schlecht schmeckt, darfst du es essen.

Warten: Wenn du eine Pflanze noch nie gesehen und einen Bissen davon gegessen hast – warte drei Stunden. Ist dir übel? Hast du Magenschmerzen? Nein? Dann kannst du getrost mehr davon nehmen.

Bitte beherzige diese Warnung und nimm dir Zeit, ehe du ißt, und wenn du noch so hungrig bist. Der Test hat sich in so mancher wilden Gegend auf der ganzen Welt bewährt. Sei selbst bei Pflanzen, die du zu kennen glaubst, vorsichtig. Bist du zum Beispiel sicher, daß du die giftige Einbeere von der Heidelbeere unterscheiden kannst?

Laß alle Pilze stehen, auch wenn du *glaubst,* sie seien harmlos. Nur der Fachmann kann zwischen giftigen und eßbaren unterscheiden. Eine weitere Gefahr ist der verbreitete Aberglaube, jeder Pilz sei eßbar, der sich schälen läßt. Gerade der tödlichste von allen, der Knollenblätterpilz, ist ganz leicht zu schälen. Ebenso gefährlich ist es, nachzuahmen, was man in freier Natur sieht. Tiere können manches vertragen, was für uns schädlich ist. Karnickel, Ziegen und Amseln haben ein ganz anderes Verdauungssystem als der Mensch und können – um nur ein Beispiel zu nennen – die hochgiftigen Nachtschattengewächse fressen, die einen Menschen umbringen.

Pflanzen

Hagebutten, Nüsse, Wurzeln, Beeren, Samen, Schoten, Sprossen, Schößlinge, Rinde und so weiter sind meistens eßbar. Und wenn du auch jetzt vielleicht eine Grimasse ziehst: sobald du nichts anderes hast, schmecken sie sehr gut. Pflanzen zu essen wird dir wahrscheinlich zunächst sympathischer sein, als gekochte Schnecken zu kauen oder eine Handvoll toter Insekten oder Raupen hinunterzuschlucken. Ein Nachteil ist jedoch dabei, daß du weit mehr pflanzliche Nahrung zu dir nehmen mußt, wenn du den gleichen Nährwert gewinnen willst wie aus tierischer. Nur eine Handvoll Beeren oder eine Tasche voller Nüsse zu verschlucken, genügt nicht.

Himbeeren aufspießen

Waldhimbeeren lassen sich auf einen langen, dünnen Grashalm, den man genau durch die Mitte der Beere sticht, aufziehen und transportieren. Diese süße Girlande ist sehr praktisch aufzubewahren.

Solche Leckereien, die du am liebsten sofort essen würdest, helfen dir, weniger appetitliche Nahrung unterzukriegen.

Gras kauen

Während du nach Eßbarem suchst, nutze die belebenden Eigenschaften des saftigen letzten Zentimeters am unteren Ende jedes Grashalms aus. Wickle die Halme um den Zeigefinger und zieh daran. Das fleischige Ende kommt sauber, weiß und fest zum Vorschein – es schmeckt sogar ein bißchen nach Anisbonbons.

Gras kochen

Lege ein Stück Stoff auf einen flachen Stein und häufe die Gräser darauf. Drisch nun mit einem Stock den Grassamen heraus und koche ihn in Wasser.

Vogeleier

Kein frisches Ei ist ungenießbar. Die Eier wildlebender Vögel haben einen stärkeren Geschmack als das gewöhnliche Hühnerei, weil die Vögel verschiedenartigeres Futter finden. (Vogeleier solltest du nur in einem wirklichen Notfall essen!)

Erdkastanien

Sie gleichen den Roßkastanien und sind knusprig. Du kannst in manchen Gegenden unter kleinen weißen Blümchen auf Viehweiden nach ihnen graben.

Blätter

Sauerampfer auf dem Feld und Fieberklee im Wald sind beinahe nahrhaft. Verschiedene Sorten Geißblatt sind, wenn du sicherheitshalber vorher den Gifttest machst, durchaus genießbar.

Salate

Holzäpfel, wilde Schlehen, Bucheckern und Haselnüsse gemischt mit Wasserkresse, Sauerkleeblättern, frischem Gras, jungen Heidekrautsprossen und den *abgeschabten,* sauberen Würzelchen von jungem Löwenzahn und Primeln (die feinen Härchen auf den Primelstengeln müssen entfernt werden, weil sie einen Stoff enthalten, der empfindliche Haut reizt) ergeben einen guten Salat.

Weichkochen

Verschiedenartige Samen und Pflanzen lassen sich zu einer Art Brei zusammenkochen. Versuche es mit den bumerangförmigen Samen der Esche und von Felsen abgekratzten Flechten. (Vorher lange einweichen!) Ebenso ergeben die zusammengerollten Sprossen des Farns (nachdem du die Haare von den Stengeln abgeschabt hast), die innere Schicht von Baumrinde (läßt sich auch roh kauen), Seetang, der *an Felsen wurzelt* (das Zeichen dafür, daß er genießbar ist), und Nesseln, die wie Spinat schmecken, ausgezeichnete Mahlzeiten.

Salzherstellung

Verdampfe einfach Meerwasser auf dem Feuer oder an der Sonne.

Tee aufbrühen

Nichts tut so wohl wie ein heißes Getränk, wenn man durchfroren oder erschöpft ist. Und das Ritual des Feuermachens und Teetrinkens hebt die Stimmung. Tee läßt sich aus sehr vielen Pflanzen aufbrühen, sowohl aus frischen wie aus getrockneten. Lege, was du hast, 10 Minuten lang in kochendes Wasser und laß es ziehen. Probiere alles durch, von Tannennadeln, wilder Pfefferminze bis zu Nesseln. Solltest du durch einen glücklichen Zufall auf wilden Honig stoßen, kannst du den Tee sogar süßen.

Fischfang

Sämtliche Süßwasserfische sind wohlschmeckend. (Du kannst sie mit Sauerklee würzen.) Besonders alle Abarten der Hechtfamilie. Aber erst einmal mußt du sie haben. Nachstehend ein paar Fangmethoden.

Forellen mit der Hand greifen

In manchen Dörfern gehen die Kinder in der Schulpause ans Wasser und fangen sich eine Forelle mit der Hand. Sie wissen nämlich, worauf es dabei ankommt. Versuche es auch einmal. Ärgere dich nicht, wenn die Forelle davonflitzt, sobald du näherkommst.

Läßt du dich ruhig am Ufer nieder und verstehst zu warten, kommt sie zurück. Nach einer gewissen Zeit kannst du sogar eine Armbewegung machen, ohne daß die Forelle das zur Kenntnis nimmt. Suche im tieferen Teil eines Baches oder Flusses unter den überhängenden Ufern, dort, wo das Wasser das Erdreich ausgespült hat. Suche auch in den tiefen Gumpen unter den Fällen und Stromschnellen. Hebe dort größere Steine langsam hoch und lege sie beiseite.

Alles hängt davon ab, daß du behutsam und im Zeitlupentempo vorgehst. Tauche die Hand ganz langsam ein, schiebe sie unter Wasser fast unmerklich vor. Die kleinste hastige Bewegung verscheucht den Fisch. Taste dich vorsichtig heran, bis du den Fischschwanz berührst. Streichle langsam über den Fischleib. Ehe du dich versiehst, berührst du den Bauch. Kraule ihn ganz zart direkt hinter den Kiemen. Nach ein, zwei Minuten umfaß den Fisch langsam und ruhig mit Daumen und Zeigefinger (mach dabei weiter kraulende Bewegungen), faß nun den übrigen Fingern ebenfalls zu und hebe das Tier senkrecht aus dem Wasser.

Noch zwei kleine Tips. Binde dir ein Taschentuch über die Hand, besonders wenn du kleine Hände hast; du greifst dann besser und rutscht weniger leicht ab. Geh in der Morgen- und Abenddämmerung ans Wasser. Das ist die günstigste Zeit, besonders dann, wenn du im Besitz einer Taschenlampe bist – dem Licht können die Fische schwer widerstehen.

Ehe du Netze auslegst oder Fische mit der Hand fangen willst, beobachte erst einmal: von wo kommen die Fische eigentlich. Hochseefische lassen sich mit der Flut an die Küste tragen und schwimmen dann am Ufer entlang. Süßwasserfische schwimmen gewöhnlich ganz früh morgens und in der sinkenden Dunkelheit ans Ufer.

Wenn es möglich ist, suche dir daher bei Flut die passende Stelle für dein Trappnetz aus und bringe es bei Ebbe an. Und bedenke immer: Netze tun ihren Dienst rund um die Uhr, auch wenn du selbst anderweitig beschäftigt bist. Es lohnt sich immer, sie auszulegen, zumal sie deinen Fang so lange frisch halten, bis du ihn brauchst.

Fischreuse

Warnung: Fische, die unappetitlich aussehen, in den Kiemen nicht mehr rosa sind oder deren Haut sich so eindrücken läßt, daß die Vertiefung bleibt, wirf weg! Unbedingt abzuraten ist auch von Fischen ohne Schuppen, von solchen, die ballonartig aufgetrieben sind oder Stacheln haben. Überaus gefährlich sind tote Schalentiere; sie müssen am Stein festgesaugt sein und sich noch deutlich bewegen, wenn man sie essen will.

Fischnetze und Fischfallen
Dünne, elastische Zweige lassen sich so in den seichten Flußgrund bohren, daß sie zwei V-förmige Palisaden mit einer schmalen Öffnung bilden (siehe Abbildung). Du kannst noch andere Arten von Fischfallen improvisieren, aus Stöcken, aus Steinen, ja sogar aus deinem Netzhemd, wie die Abbildung zeigt.

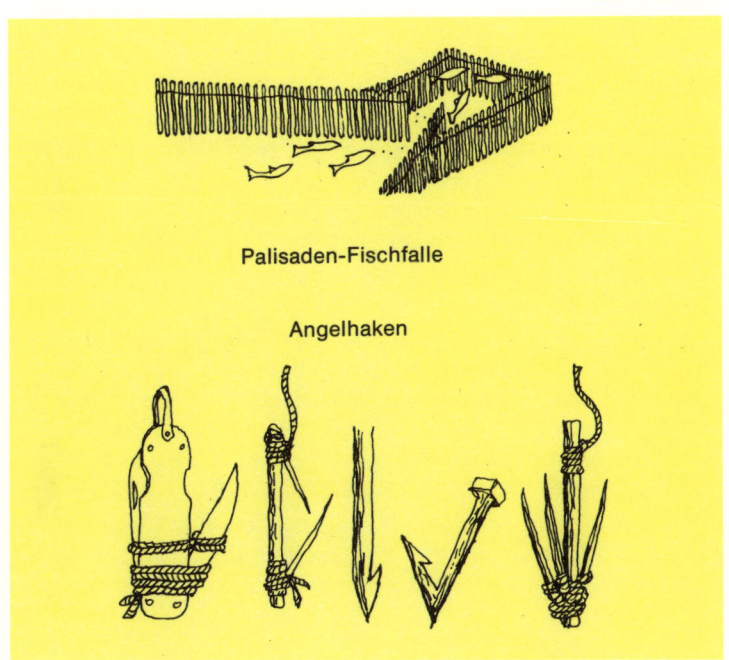

Palisaden-Fischfalle

Angelhaken

Angeln

Sehr vieles läßt sich als Angelschnur verwenden: dünne, abgerissene Streifen von einem alten Hemd, Zwirn, Elektrodraht usw. – wenn nur das Material dünn und stark genug ist, um einen Fisch daran aus dem Wasser zu ziehen. Es ist ratsam, das Stück am Haken aus Sicherungs- oder Schmelzdraht zu machen, damit der Fisch, wenn er den Haken geschnappt hat, die Angelschnur nicht durchbeißen kann. Alles, was scharf und gebogen ist oder sich biegen läßt, kann als Angelhaken genommen werden: Nadeln, Sicherheitsnadeln, scharfe Knochen, Dornen, steifer Draht. Auf der Abbildung siehst du einige Möglichkeiten. Scharf aber muß dein Angelhaken sein, das ist unerläßlich!

Köder gibt es ringsumher in reicher Auswahl: Würmer, Maden, Heuschrecken. Manche Fische lassen sich mit bunten Stofffetzen anlocken, mit Federn oder mit einem kleinen blitzenden Metallstückchen.

Als Angelgerte benutze eine Weidenrute oder sonst einen langen, elastischen Zweig, der nicht bricht. Es geht zwar am schnellsten, die Angelschnur ans Ende der Gerte zu knoten, doch ist es sicherer, ein genügend langes Stück Schnur wieder zur Gerte zurückzuführen und mit ein paar Drahtschlingen, die in Abständen befestigt sind, zu fixieren. Zwei, drei solcher Halterungen genügen, um zu verhindern, daß ein kräftig ausschlagender Fisch das obere Ende der Gerte abbricht. Das dem Haken entgegengesetzte Ende der Angelschnur wickle um den Handgriff der Gerte.

Verschwende aber nicht zu viel Zeit und Energie auf das Angeln. Es ist eine Fangtechnik, die sich nur dann empfiehlt, wenn so viele Fische vorhanden sind, daß man sie mühelos herausziehen kann, und wenn du an dem Ort, an dem du »gestrandet« bist, alles Notwendige bereits getan und nun nichts weiter vorhast. Wollen die Fische nicht gleich anbeißen, so hinterlasse kürzere, an einem Ast in der Nähe des Ufers befestigte Angelschnüre (in diesem Fall sollten sie an irgendeinem Schwimmer festgemacht sein) und unternimm etwas Lohnenderes.

Warmblütige Tiere

Das Fallenstellen und die Jagd von Wald- und Feldtieren sind wirklich nur im äußersten Notfall erlaubt, wenn du wochenlang in der Wildnis umherirrst und dem Hungertode nahe bist – eine Situation, die in Westeuropa kaum denkbar ist. Andernfalls machst du dich der Wilderei und Tierquälerei schuldig, und das wird – Gott sei Dank – schwer bestraft. *Beachte also streng die polizeilichen Vorschriften.* Du brauchst zwar mehr Nahrung, wenn du vegetarisch lebst, aber es ist noch niemand gestorben, weil er längere Zeit kein Fleisch gegessen hat. Verzichte also – bei Survival-Übungen sowieso, aber auch in einer echten Notsituation – auf fleischliche Nahrung, so lange du irgend kannst. Sollte aber der höchst unwahrscheinliche Fall eintreten, daß du auf die Jagd angewiesen bist, findest du hier zwei Abbildungen, die dir zeigen, wie man verschiedene Fallen konstruieren kann.

Schlingen und Baumfallen, von denen viele eine Art Auslöser brauchen, gegen den das Tier stößt oder auf den es tritt, haben nur dann praktischen Wert, wenn man genau weiß, wo man sie aufstellen muß. Und das kann man nicht aus einem Buch,

Zwei Schlingenfallen

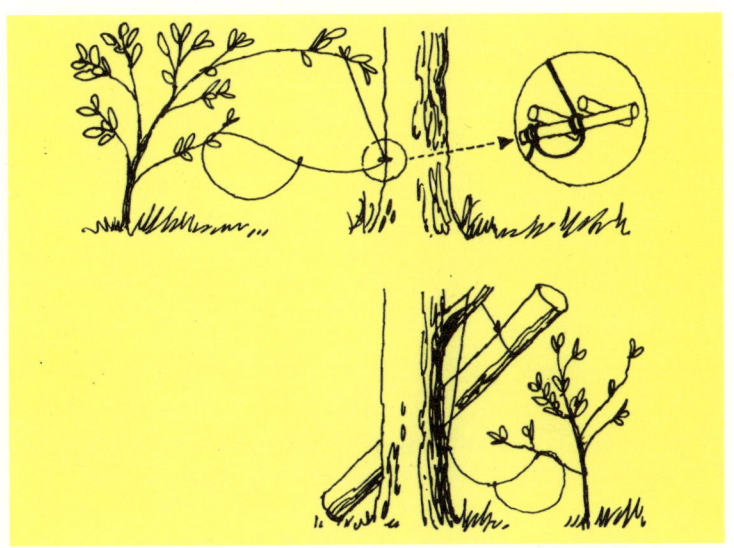

sondern muß es von einem erfahrenen Jäger oder Fallensteller lernen.

Eine Schlingenfalle ist einfach eine Drahtschlinge oder Schnurschlinge, die dort aufgehängt ist, wo ein Tier mit dem Kopf voraus hineinläuft, weil die Schlinge groß genug ist, um den Kopf durchzulassen, aber zu klein für den Körper. Dadurch wird das vorwärtsstürmende Beutetier plötzlich gebremst, die Schlinge zieht sich um seinen Hals zusammen und erwürgt es.

Weitere Tierfallen

Die Prügel- oder Baumfalle hingegen basiert darauf, daß das Tier eine gespannte Schnur anreißt oder einen Zweig oder Stein berührt und dadurch einen weit schwereren Stein oder Ast »auslöst«, der herunterfällt und es erschlägt.

Kochen im Freien

Kochen im Freien klingt nach Picknick. Doch das ist es nicht, wenn du dich verirrt hast oder verunglückt bist. Mache darum nur ganz einfache Kochversuche.

Koch-Utensilien

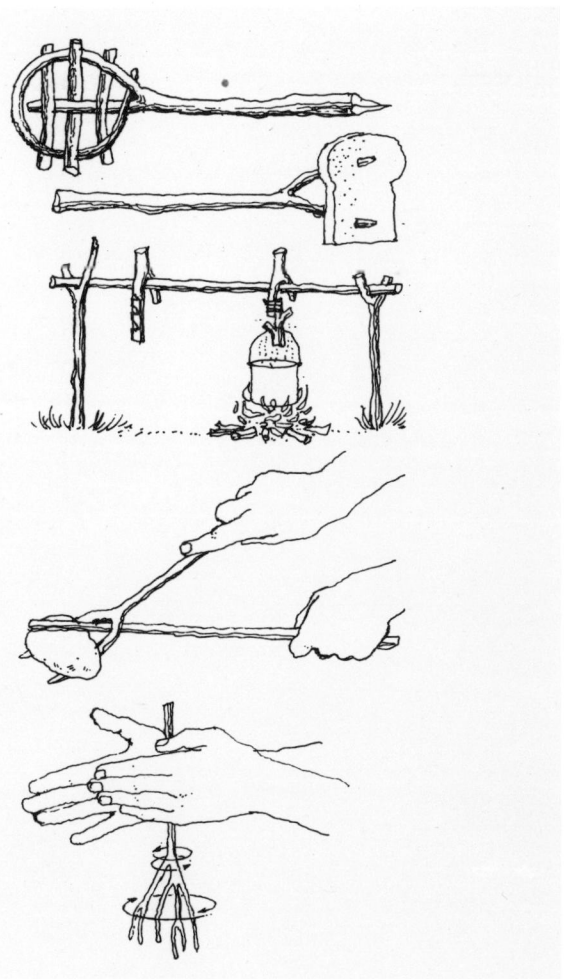

Koche zunächst hinten im Hof oder auf einem nahegelegenen Acker, als Vorübung für deine zwei Survival-Nächte im Freien.

Es empfiehlt sich, das Feuer in einer Senke oder Grube im Boden zu machen. Es brennt dann viel langsamer und länger. Du kannst es durch Nachlegen unterhalten und sparst Zündhölzer.

Grüne Zweige sind geeignete Gabeln, um daran etwas über die offene Flamme zu halten. Die Abbildung zeigt dir, daß es sogar möglich ist, Wasser in einem gefalteten Papierbehälter zu kochen, ja sogar in einem aus Birkenrinde, wenn du die Rindenstücke so kniffst wie auf der Skizze.

Papierbehälter zum Wasserkochen

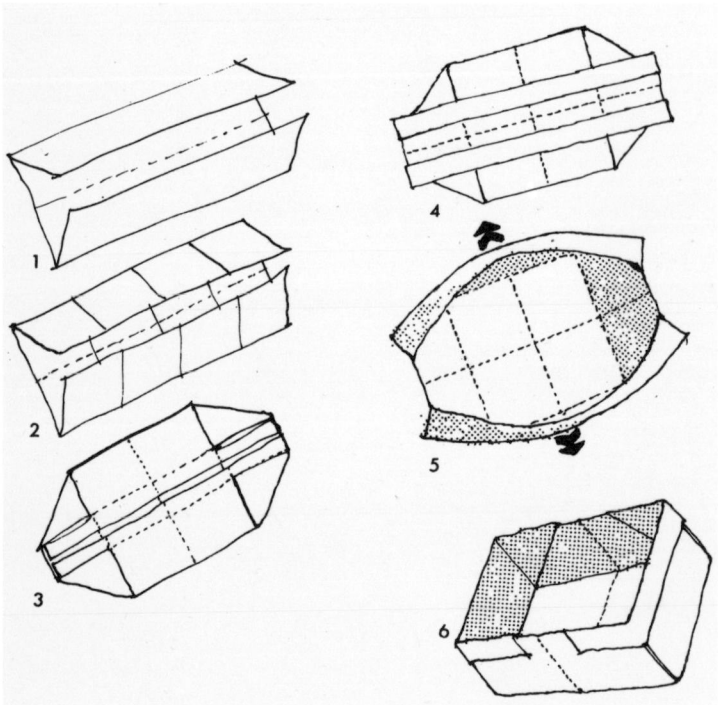

Zunächst aber mach es dir leicht. Öffne eine mitgebrachte Dose und wärme sie. Stich ein Ei am spitzen Ende an, setze es mit dem Loch nach oben in glühende Asche und laß es darin 20 Minuten garen. Backe Fisch (selbstgefangenen oder mitgebrachten) unter glühenden Kohlen. Kleine Fische brauchen etwa 15 Minuten lang, große bis zu 60 Minuten. Du kannst sie in grüne Blätter oder Alufolie wickeln. Brate dir Steaks zwischen zwei Steinen, die du vorher so stark erhitzt hast, daß ein Tropfen Wasser darauf verzischt. Halte das Feuer mindestens 30 Minuten, besser noch eine Stunde, in Gang. Koche dir Haferbrei, das geht rasch, wenn du die Haferflocken am Abend vorher in gesalzenem Wasser eingeweicht hast.

Wasserbombe

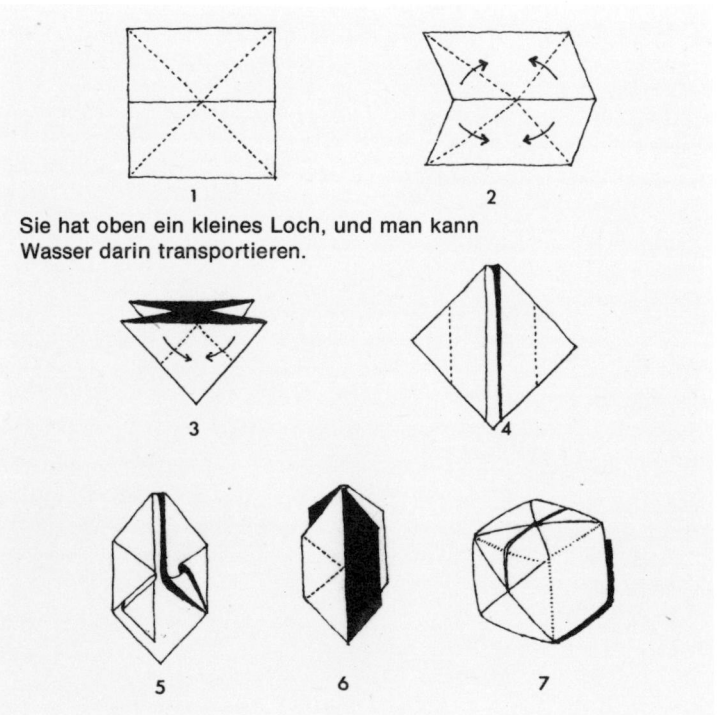

Sie hat oben ein kleines Loch, und man kann Wasser darin transportieren.

Meeresfrüchte und Muscheln

Im Sommer sind Miesmuscheln immer ein Risiko – man kann sich mit ihnen vergiften. Befolge also die Vorschrift, wonach man sie nur zwischen Oktober und April essen soll. Du kannst sie kochen oder dämpfen. Was zwischen anderen toten Meeresfrüchten herumliegt, rühre nicht an. Muscheln, Miesmuscheln und Krabben soll man tunlichst erst in einen Tümpel mit sauberem Wasser legen, dann reinigen sie sich selbst.

Forellen und andere Fische

Einem selbstgefangenen Fisch brichst du das Genick, indem du mit dem Daumen seinen Oberkiefer nach oben reißt. Dann schneide ihn an der Bauchseite der Länge nach auf und hole mit dem Finger die Gedärme heraus. Wickele den Fisch in nasse Blätter oder Seetang und vergrabe ihn in der Asche, nachdem du ihm Kopf und Schwanz abgeschnitten hast.

Wasser

Bei Hitze und Dürre mußt du unbedingt Wasser suchen. Ein Mensch kann wochenlang ohne Nahrung auskommen, aber nur wenige Tage ohne Wasser.

Einige Methoden, Wasser zu finden

Wassersucher haben die verschiedensten Techniken, von der Wünschelrute bis zum Pendel, das ist eine Münze, die an einem Faden hängt und hin und her schwingt. Du kannst Wasser durch eine sehr viel primitivere Technik finden. Doch davon gleich. Zuerst noch etwas zum Wassersparen.

Der menschliche Körper besteht zu 80 % aus Wasser. Es läßt sich konservieren. Trink an einem heißen Tag so viel Wasser, wie du nur kannst. Dann setzt dich in die Sonne und lies ein Buch.

Knöpf alles, was du anhast, fest zu. Davon wird dir zwar unbehaglich, aber du wirst nicht ganz so viel Schweiß verlieren und die Körperfeuchtigkeit verdunstet nicht so rasch.

Leg dich in den Schatten einer Mauer. Trotz der Hitze und obwohl du geglaubt hast, du würdest entsetzlich durstig werden, weil du dich nicht ausziehst (zum Beispiel keine kurzen

Ärmel trägst), wirst du den ganzen Tag lang nicht das Bedürfnis haben, zu trinken.

Das ist die natürliche Folge davon, daß du das Wasser in dir behältst. Immer wieder einen Schluck zu trinken, ist nicht so wirksam, wie sich ganz mit Wasser vollzufüllen und danach stillzusitzen. Eine weitere Möglichkeit, Wasser zu sparen, ist die, große Wanderungen und Märsche in der Dämmerung und Abendkühle zu machen.

Nun aber zu Maßnahmen, durch die du so viel Frischwasser wie möglich gewinnst.

Probiere zunächst aus, welche Behälter das Regenwasser am besten auffangen:

Löcher im Boden, die du mit Stoff auskleidest;

kleine, an Zweigen aufgehängte Plastikbeutel;

Schaftstiefel und Hüte, die du in den Regen stellst.

Du kannst dir aus aneinandergeknoteten Streifen eines alten Hemdes, die du an einen Ast oder noch besser an einen schräg gelehnten Baumstamm hängst, eine Art Regenröhre machen, die das Regenwasser in beliebige, untergestellte Behälter leitet.

Laß metallische, hochpolierte Gegenstände über Nacht draußen: Silberpapier, Folie, die glänzende Seite eines Zeltbodens, Radkappen eines Autos, breite, glatte Blätter, glatte Steine. Dann steh in aller Frühe auf und nimm einen Schwamm, mit dem du die angesammelte Feuchtigkeit aufsaugst.

Leg Schneebälle in etwas Wasserdichtes, das wiederum auf etwas Dunklem steht – etwa in einen Plastikbeutel auf einen dunklen Mantel – und laß sie von der Sonne schmelzen.

Versuche, Eis zu kochen. Es ist nicht so leicht, wie du denkst. Es produziert zwar mehr Wasser als Schnee, verdunstet aber, wenn du es einfach in einem Behälter aufs Feuer stellst. Es hat nur dann Sinn, wenn du unten in den Behälter von Anfang an etwas Wasser tust und dann erst die Eisbrocken (oder auch Schneeklumpen, und zwar die direkt unter der Schneedecke liegenden, verharschten).

Meereswasser kannst du selbstverständlich nicht trinken. Es entzieht deinem Körper die Feuchtigkeit und macht dich nur noch durstiger, ganz gleich, wie erfrischend kühl es dir anfangs vorkommen mag. Bei zwei Gelegenheiten jedoch kann es dir gute Dienste leisten. Du kannst dir damit das Gesicht anfeuchten, um dich zu erfrischen, und es hilft dir unter Umständen, Süßwasser zu finden.

Warte, bis die Ebbe ihren tiefsten Punkt erreicht hat, und grabe probeweise an mehreren Stellen des Sandstrandes mit einer Muschel oder einem Stück Treibholz Löcher. Unter dem Sand findet sich häufig Süßwasser, da es leichter ist als Meerwasser und deshalb obenauf schwimmt. Bezeichne die Stellen genau, ob sie nun ober- oder unterhalb der Flutmarke liegen. Dann grabe danach, aber nicht zu tief, sonst stößt du auf Salzwasser. Das Süßwasser, das leider brackig schmecken wird, kannst du mit einem Strohhalm, einem hohlen Stengel oder sonst einem Röhrchen, das du zufällig bei dir hast, aufsaugen.

Baue im Garten oder irgendwo in unbewohnter Gegend eine Sonnendestille. Mit ihr läßt sich immer ein wenig Wasser gewinnen, erstens, weil die Sonne es aus dem Boden »saugt« (sogar in der Wüste), und zweitens, weil diese Vorrichtung vorhandenes, aber nicht trinkbares Wasser klärt, etwa Urin, Seewasser oder fast jede sonstige ungenießbare Flüssigkeit.

Wie auf der Abbildung zu sehen, mußt du eine wannenartige Vertiefung graben, die zwischen 0,5 m und 1 m tief ist und mindestens 1 m Durchmesser hat. Im Vergleich zur Umgebung soll sie möglichst tief liegen. Schatten darf nicht in der Nähe sein. Dann stell einen Behälter auf den Boden der Grube und decke sie mit einem Plastiktuch ab. Die Sonnenstrahlen dringen durch das Plastik in den Boden und die Erdfeuchtigkeit verdampft. Der Wasserdampf kondensiert sich an der Unterseite des kühleren Plastiktuches und tropft in den Behälter.

Eine solche Sonnendestillationsanlage erzeugt immer genügend Wasser, um einen Menschen am Leben zu erhalten. Nach einer Weile verlangsamt sich ihre Produktion zwar, aber dann kann man mit ihr »umziehen«, an eine noch »ungemolkene« Stelle. Übrigens arbeitet sie auch nachts, wenn auch weniger ergiebig.

Man kann auch frische grüne Pflanzen unter das Tuch in die Grube legen. Die Sonne wird deren Feuchtigkeit ebenfalls aussaugen und verdampfen.

Nun noch etwas zur Klärung von ungenießbarem Wasser. Es

verdampft ebenfalls in der Anlage, und die Kondenswassertröpfchen, die sich am Plastik niederschlagen, sind absolut rein.

Wenn du die Grube ausgehoben hast, ziehe eine Rinne an der Seite, die das »Schmutzwasser« aufnimmt, etwa Urin, gebrauchtes Waschwasser, Spülwasser oder Kühlerwasser aus einem Wagen (ohne Frostschutzmittel!). Mach nach unten zu einen etwas höheren Wall, damit, falls es regnet, nicht etwa Erde und Schmutz auf das Plastiktuch geschwemmt wird und das reine Regenwasser, das sich in diesem Fall oben auf dem Plastik sammelt, verunreinigt.

Sonnendestille

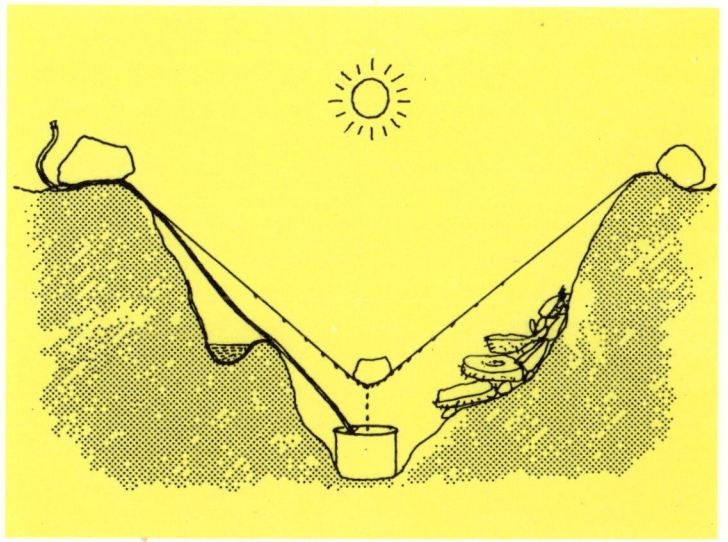

Gieße das Schmutzwasser in die Rinne – wie auf der Abbildung zu sehen –, lege auf die andere Seite das frisch abgehackte Grün, rücke den Behälter noch einmal zurecht, damit er unter der tiefsten Stelle des Plastiktuches die Tropfen auffangen kann. Ehe du nun die Grube mit dem großen Plastiktuch abdeckst, bleibt dir noch etwas Wichtiges zu tun. Häng einen Schlauch aus Gummi oder Plastik in den Tropfenbehälter und laß ihn über den Rand der Grube oben herausragen. Auf diese Weise kannst du nämlich aus dem Behälter trinken, ohne das Plastiktuch abnehmen zu müssen. Ja, du solltest dir sogar vornehmen, das Plastik möglichst niemals zu entfernen, da der ganze Kondensierungsprozeß dann jedesmal neu beginnen muß.

Nun spann das Plastik auch über die Grube. Beschwere es mit dicken, großen Steinen und grabe die Ränder in die Erde ein. Lege einen Stein in die Mitte, der die Plastikbahn straff zieht. Sie darf übrigens nicht so tief durchhängen, daß sie irgendwo die Seiten der Grube berührt oder den Behälter streift. Das Wasser, das du auf diese Weise gewinnst, ist sauber und trinkbar. Alles andere Wasser, das du in der Natur findest, muß abgekocht und durch ein feines Tuch oder ein Stück Brot gefiltert werden. Es schmeckt dann zwar ziemlich fad und langweilig, aber beim nächsten Abkochen kannst du den Geschmack des Wassers dadurch verbessern, daß du von Anfang an einige Stückchen Holzkohle aus deiner Feuerstelle hineinwirfst. Nur mußt du es dann nochmal filtern, bevor du es trinkst.

Ersatz für den verlorenen Kompaß

Davon, daß in echten Notsituationen improvisiert werden muß, ist in diesem Buch schon mehrfach gesprochen worden. Stellen wir uns vor, du hast deinen Kompaß verloren. Deine Armbanduhr wirst du aber vermutlich noch haben. Wenn die Sonne scheint und Schatten wirft, und du normale europäische Uhrzeit hast, kannst du nach der Stellung deiner Uhrzeiger herausfinden, wo Norden ist.

Armbanduhr und Stopfnadel

Laß den Stundenzeiger genau in die Sonne zeigen. Teile den Winkel zwischen dem Stundenzeiger und der 12. Dieser Kreisabschnitt zeigt nach Süden, sofern du dich auf der nördlichen Halbkugel unserer Erde befindest. Am ungenauesten arbeitet dieser Ersatzkompaß dann, wenn die Sonne hoch über dir steht.

Bei dieser Gelegenheit wird dir die magnetisierte Stopfnadel aus deinem Survival-Kit gute Dienste leisten, und du solltest sie, ehe der Ernstfall eintritt, zu Hause testen. Fülle eine Schüssel mit Wasser und lege ein Papiertaschentuch darauf, so daß es schwimmt. Lege die Stopfnadel oben drauf und drück dann das Papiertaschentuch behutsam mit dem Finger unter Wasser. Die Nadel wird weiterschwimmen und sich drehen, bis sie in Nord-

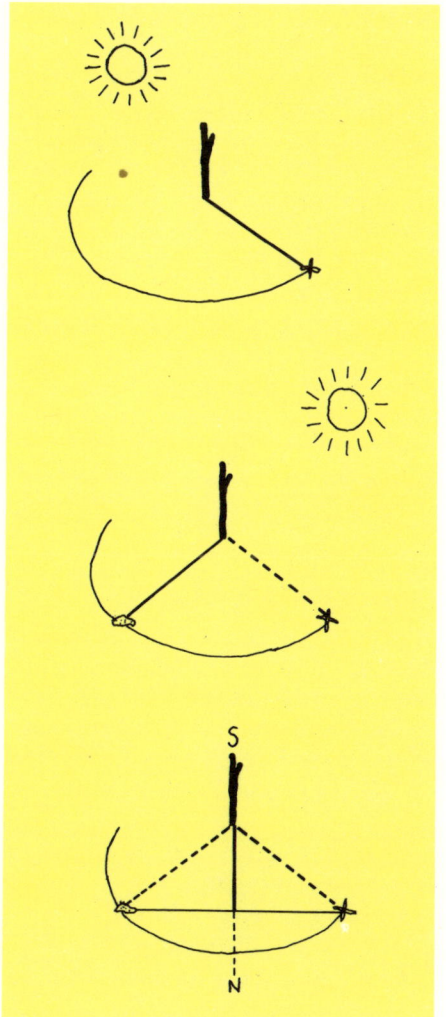

Sonnenuhr-Kompaß

südrichtung liegenbleibt – das Nadelöhr nach Norden, wenn du sie in Richtung des Öhrs magnetisiert hast. Kontrolliere das mit deinem Kompaß nach. Wenn du im Ernstfall kein Papiertaschentuch hast, kannst du auch ein Blatt von einem Baum nehmen.

Der Sonnuhr-Kompaß

Um genau festzustellen, wo Norden und Süden ist, steck morgens einen kurzen Ast in den Boden und zeichne einen Kreis, wobei der Astschatten der Radius ist. Damit der Kreis tatsächlich rund wird, brauchst du eine Schnur, deinen Gürtel, zusammengeknotete Schuhbänder oder dergleichen. Nun markiere mit einem Kreuz die Stelle auf der Kreislinie, wo sich die Spitze des Schattens im Moment befindet. Von jetzt an bis zum Mittag wird der Schatten immer kürzer werden und nach 12 Uhr anfangen, sich wieder zu verlängern. Markiere mit einem Stein die Stelle, wo er dann den Kreis wieder berührt. Nimm die Mitte zwischen den beiden angezeichneten Punkten und kratze von dort eine Linie zum Ast in der Kreismitte. Wenn du dieser Linie entlang über den Ast wegblickst, schaust du genau nach Süden. (Nur auf der südlichen Halbkugel ist es natürlich umgekehrt.)

Die Sterne lügen nicht

Such dir einen besonders hellen Stern aus, der allein in einem offenen Teil des Nachthimmels steht und ziele mit einem Stock auf ihn; mach das so, als ob der Stock ein Gewehr sei und du den Stern erschießen willst. Stütze dabei deinen Ellbogen auf eine Mauer oder einen Stein, damit du nicht wackelst. Nach etwa einer Minute wirst du sehen, daß der Stern wandert – ein optischer Effekt, hervorgerufen durch die Drehung der Erde. Was du nun feststellst, kannst du später mit dem Kompaß überprüfen:

Steigt der Stern aufwärts – blickst du nach *Osten*.
Steigt der Stern abwärts – blickst du nach *Westen*.
Wandert der Stern nach rechts – so blickst du nach *Süden*.
Wandert der Stern nach links – so blickst du nach *Norden*.

Großer Bär
und Polarstern

Das kleine Experiment gibt dir erstaunlich genaue Auskunft, wenn du erst Übung darin hast und weißt, auf eine wie winzige Bewegung du zu achten hast. Du mußt nur deinen »Gewehrlauf« ganz still halten und seine Spitze nicht aus dem Auge verlieren.

Wenn du den Polarstern findest, so hast du den Norden ganz deutlich vor dir. Der Polarstern steht nachts in der nördlichen Himmelshälfte. Die Abbildung zeigt, wie du ihn am schnellsten findest. Du gehst dabei von den Hinterrädern des »Großen Wagens« oder den Hinterbeinen des »Großen Bären« aus, was dasselbe ist. Wenn nachts der Himmel klar ist, wirst du dieses Sternbild immer finden – und von ihm ausgehend auch den Polarstern. Beim Üben nimm den Kompaß zur Hand, um die Ergebnisse deiner Sternbeobachtungen zu überprüfen. Nur auf der südlichen Halbkugel der Erde ist der Polarstern nicht zu sehen; dort mußt du das Kreuz des Südens als Orientierungspunkt benutzen.

Flußdurchquerung

Statistiken haben bewiesen, daß unverhältnismäßig viele Menschen beim Durchqueren von Flüssen umkommen, ebenso viele nämlich, wie im Gebirge abstürzen. Jeder Bootskundige kennt die enorme Kraft des strömenden Wassers. Sie kann sogar einen erwachsenen Mann, der nur bis zu den Knien im Wasser steht, umreißen.

Hundertprozentig wirksame Ratschläge für die Durchquerung von Flüssen und Bergbächen gibt es nicht. Es gibt nur ein paar Sicherheitsregeln, und selbst die garantieren nicht, daß du heil durchkommst. Wenn es irgendwie möglich ist, mach um einen tosenden Gebirgsbach einen Umweg – wenn nötig kilometerweit. Wenn du aber durch mußt, beachte folgendes.

Die beste Stelle, um einen Gebirgsbach zu durchwaten, erkennt man daran, daß sie verhältnismäßig seicht ist, die Ufer leicht zu erklimmen sind, daß keine gefährlichen Felsbrocken, keine Stromschnellen, Wehre, Wasserfälle, Wirbel oder Riffe flußabwärts liegen. Die Gefahr ist, daß du umgerissen wirst, mit dem Kopf an einen Stein schlägst, ohnmächtig liegenbleibst und ertrinkst. Die Wasserführung darf nicht gerade besonders hoch sein. Warte also nach einem Gewitter, bis sie etwas abgeklungen ist. Besonders günstig sind solche Stellen, wo sich der Wasserlauf teilt und zwei Flußarme eine Schotter- oder Felseninsel zwischen sich haben.

Beobachte die Art der Strömung genau. V-förmige Wellen, deren spitzes Ende stromaufwärts zeigt, bedeuten Felsen unmittelbar unter der Wasserfläche. W-förmige Wellen jedoch lassen schließen, daß unter Wasser zwei Felsbrocken mit einem offenen Kanal dazwischen liegen. Langsam kreisende Wasserwirbel – eventuell mit Schaum darauf – zeigen eine träge Strömung an. Untersuche mit einem Pfahl oder Stock, wie tief sie ist. Überhaupt kann ein Stock dir als »drittes Bein« dienen, wenn du ihn stromaufwärts kräftig ins Flußbett stößt und dich gegen die Gewalt der Strömung mit deinem ganzen Gewicht darauflehnst. *Merke:* Es ist besser, aus trägem Wasser in rascher strömendes hinüberzukreuzen als umgekehrt. Wenn Wasser langsamer fließt, bedeutet das, daß es auch tiefer ist. Dein Entschluß, einen Fluß zu durchqueren, sollte in jedem

Fall davon abhängen, wie sicher du dich im nassen Element fühlst. Bitte fühle dich niemals *zu* sicher!

Behalte Stiefel und Kleider an. Der Rucksack stört nicht, im Gegenteil, wenn er richtig gepackt ist, kann er dich im Gleichgewicht halten, und wirst du tatsächlich einmal umgerissen, kann er dir Auftrieb geben. Überzeuge dich aber, daß du ihn sofort abwerfen kannst, wenn es nötig sein sollte.

Die Armbanduhr steck in die Tasche. Mach kurze, schlürfende Schritte und blick auf das Ufer gegenüber, dem du zustrebst. Halte dich an jedem Stein fest, auch wenn er überspült ist, er nützt dir trotzdem. Jeder herausragende Stein ist ohnehin eine Hilfe. Geh niemals flußabwärts gewandt! Die Wucht der Strömung, wenn sie von hinten in die Kniekehlen trifft, schlägt dir eventuell die Beine unter dem Leibe weg. Bleib immer dem Ufer zugekehrt, das du erreichen willst, und vermeide, die Beine zu kreuzen. Wenn aber die Strömung zu mächtig wird, laß dich etwas von ihr mitziehen und versuche, weiter flußabwärts ans Ufer zu kommen.

Einen schwächeren, erschöpften, verletzten oder ungeübten Kameraden sollten zwei kräftigere zwischen sich nehmen, die ihn auf beiden Seiten einhaken. Es geht am besten, wenn man eine lange Stange oder einen Ast als »Geländer« benutzt, das jeder anfaßt, ohne aber den Arm aus dem des anderen zu lösen.

Ein Seil ist nicht so günstig. Es bleibt immer eine Notlösung. Wenn es als Handseil gespannt werden soll, dann überzeuge dich, daß es oberhalb des Wassers bleibt. Binde es niemals jemandem um die Taille und zieh von stromaufwärts dran, wenn er ausrutscht. Laß es ganz locker und schlaff und schwenke damit den Schwimmenden ans Ufer.

Wanderungen durch Schnee

Schneeblindheit ist schmerzhaft und gefährlich. Während ihrer Dauer siehst du schlecht oder gar nicht und machst zahllose Fehler. *Es ist darum unerläßlich, die Augen zu schützen.*

Geh versuchsweise über Schnee oder am Strand entlang und schau aufs Wasser, während dich grelle Sonne blendet. Bald werden dir, wenn du keine Brille trägst, die Augen wehtun.

Geh die gleiche Strecke nochmals mit einem selbstgebastelten Blendschutz auf beliebigem Material, das du auch in einer Notsituation zur Verfügung hättest: einem langen Stück Rinde mit zwei Schlitzen, einem Streifen Stoff, dem Rest eines Pappkartons mit kreuzförmigen Einschnitten zum Durchschauen, einem Stirnband aus Schnur, in das du Farnwedel, Gras oder Blätter geklemmt hast, ja selbst ein flaches Knochenstück ist besser als nichts. So ein Behelfsaugenschirm läßt sich zur Not mit Schnur oder etwas Gummiband aus deiner Unterhose befestigen.

Mach noch einen weiteren Versuch: Geh die gleiche Strecke ein drittes Mal, ohne Blendschutz, aber nachdem du rings um beide Augen das Gesicht mit Erde, Lehm oder Ruß bestrichen hast. Du wirst feststellen, daß sich dadurch die Reflektionswirkung des Sandes, Wassers oder Schnees erheblich mildern läßt.

Wie man im Pulverschnee vorwärtskommt

Vorwärtskommen in weichem, frisch gefallenem Schnee ist eine gewaltige Anstrengung. Man sinkt bis zu den Schenkeln oder Hüften ein und verausgabt sich dabei so sehr, daß man bereits nach einem halben Kilometer völlig erschossen ist.

Mach dich nach dem nächsten Schneefall gleich an die folgenden Übungen und warte nicht, bis der Schnee verharscht ist oder bis der hartgefrorene Schnee anfängt aufzutauen.

Such im nächsten Wäldchen nach breiten Fichtenzweigen. Binde sie dir mit Schnur an die Stiefelsohlen und überquere die weichsten Schneewehen, die du finden kannst. Diese Schneeschuhe sind zwar plump, doch sie tragen dich.

Probier das Schneetreten mit den verschiedenartigsten flachen Gegenständen: Blechtabletts, Kissen, Holzschindeln; alles ist besser, als tief einzusinken.

Binde grüne Weidengerten zu zwei Reifen zusammen (je einen für jeden Fuß), wie auf der Abbildung zu sehen ist. Vielleicht wirst du die Gerten am Feuer auftauen müssen, weil ihr Saft bei größerer Kälte hart gefroren ist. Bohre Löcher durch die Ränder des Reifens und spanne ein Gitter aus ledernen Schnürsenkeln, die du kreuz und quer durch die Löcher knüpfst. Auf der Abbildung siehst du genau, wie das gemeint ist. Die festesten Verstrebungen müssen diejenigen sein, die

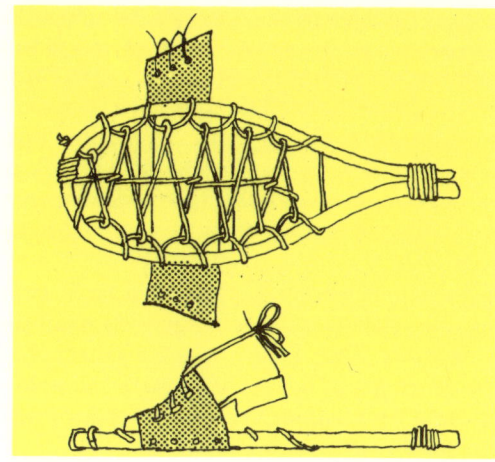

deinen Fuß der Länge und Breite nach unterstützen.

Noch zwei wichtige Hinweise. Mach diese Schneeschuhe oder Schneeteller nicht zu groß. Je kleiner und leichter, desto besser – sie müssen dich natürlich noch tragen können. Befestige sie über dem Spann der Füße mit einem breiten Halteband aus Leinen, Plastik oder Leder, aber so, daß sie sich bei jedem Anheben des Fußes nach oben klappen lassen und der rückwärtige Teil herabfällt und im Schnee schleift. Probier es aus und du wirst merken, wie wichtig das ist und wieviel Anstrengung es auf die Dauer einspart. Schneeteller, die starr an den Stiefelsohlen befestigt sind, sind buchstäblich »Hemmschuhe« beim Wandern durch lockeren Schnee.

Du brauchst mit den Schneetellern nur etwas größere Schritte zu machen und die Beine etwas höher anzuheben als sonst. Auch die Füße wirst du etwas breitbeiniger setzen müssen als gewöhnlich, aber nicht so viel, wie du anfangs meinst, denn die inneren Ränder der Schneeteller gleiten beim Ausschreiten übereinander weg.

Wichtige Hinweise auf die Gefahren der Hypothermie

Wir haben die Hypothermie schon mehrfach erwähnt. Hypothermie ist der wissenschaftliche Ausdruck für Unterkühlung.

Jährlich fordert sie viele Todesopfer, besonders natürlich unter Menschen, die sich gerne im Freien aufhalten. Sie ist darum besonders tückisch, weil man sie am Anfang schwer erkennt und oft erst wahrnimmt, wenn die Lage schon sehr ernst ist.

Niedrige Temperaturen allein verursachen noch keine Hypothermie. Auf die Höhe kommt es auch nicht an. Man kann sich im Garten hinter dem Haus an einem kalten Sommertag eine Hypothermie zuziehen. Mehrere Faktoren, die einzeln nicht so schlimm sind, müssen zusammenwirken:

KÄLTE plus WIND plus NÄSSE plus ERSCHÖPFUNG.

Die Kälte braucht nicht grimmig zu sein, die Feuchtigkeit nicht durchdringender als etwa kondensiertes Schweißwasser in deinen Kleidern, und du brauchst auch noch nicht auf allen vieren vor Erschöpfung zu kriechen. Aber jeder dieser Umstände steigert die Wirkung der übrigen.

Gewisse Warnsignale solltest du kennen: Beobachtest du an einem Kameraden ein Verhalten, das ungewöhnlich ist und überhaupt nicht zu ihm paßt, dann ist er vielleicht bereits gefährdet. Bei einem Fremden kann ja schlaffe Gleichgültigkeit ein Charaktermerkmal und völlig normal sein. Aber wenn ein Freund, der sonst energisch und begeistert ist, plötzlich anfängt, mit schwerer Zunge zu lallen, wenn er taumelt, zittert, über das Gehen klagt und lieber sitzen möchte, dann könnten das die Anzeichen beginnender Hypothermie sein, bei der man sich benimmt, als sei man betrunken oder »high«. Frage denjenigen, bei dem du eine beginnende Hypothermie vermutest, ob er genügend im Magen und genügend getrunken hat, auch wenn es nur kaltes Wasser war. Hat er den Tag über Energiespender wie Schokolade, Rosinen, Datteln, Nüsse oder dergleichen gekaut, hat er gut gefrühstückt, kann es nicht so schlimm sein. Hat er genügend wollene Kleidung an und darüber außerdem noch einen winddichten Anorak, so sollte selbst ein Wettersturz ihm nicht derart zusetzen. Trägt er jedoch bei Kälte in den Bergen Blue Jeans und nur ein Hemd, dann ist er äußerst gefährdet.

Für vorbeugende Maßnahmen ist es zu spät. Was kannst du jetzt noch tun? Denke gut nach! Ist Hilfe und Unterkommen nicht weiter entfernt als 15 Minuten, so kannst du den Kranken ermutigen, beruhigen, stützen, und er schafft es sicherlich. Sind es aber noch viele Kilometer Weg, darfst du das nicht riskieren. Sucht sofort Windschutz auf – hinter Steinen, Bäumen, einer Felswand. Ist überhaupt nichts dergleichen vorhanden, türmt Steine übereinander, macht einen Wall aus großen Schneeklumpen oder legt wenigstens eure Rucksäcke übereinander.

Der Unterkühlte muß um jeden Preis warmgehalten werden. Du mußt verhindern, daß er weitere Körperwärme verliert. Breite alles an Decken und Kleidung unter ihn, was zur Verfügung steht, damit ihn die tödliche Kälte nicht von unten erreicht. Zieh aus, was du entbehren kannst, und wickle ihn darin ein.

Wenn du einen Schlafsack mithast, »heize« ihn vor, das heißt, ziehe dich bis auf die Unterwäsche aus, krieche hinein und übertrage einen Teil deiner Körperwärme auf das Innere des Schlafsacks. Ist der Schlafsack groß genug und seid ihr zu mehreren, so kann jemand mit dem Betroffenen hineinkriechen.

Steht kein Schlafsack und kein Feuer zur Verfügung, könnt ihr auch zu mehreren ganz eng um den Kranken zusammenrükken, so daß die Wärme aller ihm zugute kommt. Und bist du mit ihm allein, so umschlinge ihn mit den Armen bis Hilfe eintrifft; besser ist es natürlich, du kannst ihn – gut in Decken oder im Schlafsack verpackt – zurücklassen und Hilfe holen.

Wenn der Betroffene überhaupt etwas zu sich nehmen kann, gib ihm Warmes zu trinken, und wenn das nicht möglich ist, etwas Süßes zu essen, was ihm in diesem Zustand besonders gut tut.

Es gibt auch ein paar eiserne Regeln, was du NICHT darfst.
NICHT massieren oder reiben!
KEINE Wärmeflaschen oder sonstige Erwärmung durch heißes Wasser von außen!
KEINEN Alkohol!
NICHT am Feuer wärmen!
All das ist gefährlich. Es löst einen plötzlichen Zustrom des unterkühlten Blutes aus den Oberflächenblutgefäßen zum Körperinnern aus, wo die Hypothermie bereits die Temperatur herabsetzt, und kühlt es noch mehr – manchmal verhängnisvoll.

Keine Panik!

Diese Mahnung könnte eigentlich über sämtlichen Kapiteln des Buches stehen. Am wichtigsten ist sie angesichts der Frage, was zu tun ist, wenn du dich in einsamer Gegend verirrt oder einen Unfall gehabt hast.

Bleib ganz ruhig! Heutzutage sind die Chancen, bald nach einem Unfall gefunden zu werden, ausgezeichnet. Besonders dann, wenn du jemandem gesagt hast, wohin du gehst.

Wenn du merkst, daß du dich verirrt hast, bleibe so ruhig wie möglich! Es ist nur natürlich, daß du erst einmal in irgendeine Richtung davonrennen möchtest, aber das wäre grundverkehrt. Gerade jetzt mußt du alles ruhig und langsam tun. Du weißt ja: das Kostbarste, was du besitzt, ist deine Energie. Schone sie!

Du glaubst selbstverständlich, so etwas brauchte man dir nicht zu sagen? Aber es ist unfaßbar, was Menschen alles anstellen, die sich im Gebirge, in Wäldern oder sonstwo in der Wildnis verirren. Einige haben schon ihre Kleider ausgezogen und sich auf den vermeintlichen Rückweg gemacht, weil sie glaubten, so schneller vorwärtszukommen. Natürlich wurden sie Opfer von Regen und Kälte. Andere wieder ließen ihre Rucksäcke stehen und irrten im Kreise herum, bis man sie zusammengebrochen im Schnee fand. Andere waren so durchgedreht, daß sie der Rettungsmannschaft nicht freiwillig folgen wollten, als sie endlich gefunden waren; man mußte sie an einem Seil führen. Einige stiegen an den Ufern eines Gebirgsbaches bergauf und glaubten fest daran, am Wasser entlang bergab zu gehen. Und manch einer war vor Angst so verstört, daß er sich vor den Rettern versteckte.

Geh übungshalber mit einem Kameraden in eine Gegend, die ihr beide gut kennt, zum Beispiel in dichten Wald, und trennt euch. Ihr solltet nicht nur in entgegengesetzten Richtungen von der Hauptstraße wegsteuern, sondern der eine sollte auch noch fünf Minuten warten, bis der andere wirklich außer Sicht ist. Nun versucht, euch wiederzufinden. (Sicherheitshalber könnt ihr einen festen Treffpunkt abmachen für den Fall, daß ihr euch nach mehreren Stunden nicht gefunden habt.)

Jetzt seid ihr einigermaßen in der Lage eines Verirrten, der durch einen unglücklichen Zufall die Gefährten verloren hat.

Grundregeln für den Ernstfall lauten immer gleich.
1. Bleib stehen.
2. Schichte einen Steinhaufen auf.
3. Versuche, zurückzudenken bis zu dem Punkt, wo du vom Wege abgekommen bist.
4. Kratze mit einem Stein oder Zweig eine Karte auf den Boden.
5. Geh den Weg zurück, von dem du meinst, du seist ihn gekommen und kennzeichne ihn im Gehen.

Mit *kennzeichnen* ist gemeint, daß du in Augenhöhe Kerben in die Baumrinde machst (bitte nicht zu Übungszwecken, denk an den Naturschutz!), Zweige in den Boden steckst, an strategisch wichtigen Punkten Steine aufhäufst und ganz allgemein deinen Rückweg deutlich bezeichnest. Angenommen, du triffst deinen Kameraden nicht und findest auch den Hauptweg nicht mehr, dann kannst du auf deinem jetzigen Weg zum Steinhaufen zurückkehren, den du errichtet hast, als du merktest, daß du in die Irre gegangen bist. Wäre es der Ernstfall – und die Abenddämmerung bräche herein –, müßtest du jetzt und hier beginnen, dein Nachtlager aufzuschlagen. Sobald es wieder hell wird, hättest du dann Zeit genug, von einer Erhebung im Gelände aus die Umgebung abzusuchen, ob du irgendwo ein Lebenszeichen von deinem Kameraden erblickst, etwa den Rauch seines Lagerfeuers. Und wenn du nichts von ihm siehst, bekommst du zumindestens eine klare Vorstellung davon, welchen Weg du nun auf eigene Faust einschlagen mußt. Du könntest beispielsweise das Ufer eines Flußes unten im Tal zu erreichen versuchen, um an ihm entlang in die Zivilisation zurückzukehren. Im Übungsfall, wenn du dich im heimatlichen Wald befindest, triffst du eben schlimmstenfalls erst am ausgemachten Punkt mit deinem Kameraden zusammen.

Einem Gebirgsbach solltest du übrigens nie direkt folgen. Auf seinem Weg bergab zwängt er sich mit Sicherheit durch

Schluchten, durch die du ihm nicht folgen kannst. Bleibe ihm aber nah genug, um festzustellen, wo er im Tal in einen Wasserlauf mündet, an dem du dann entlanggehen kannst.

Zum Schluß
Sei nicht zaghaft bei deinen Survival-Übungen, aber vorsichtig. Überzeuge dich davon, wie zäh du in Wirklichkeit bist!

AUCH DU KANNST EINE KATASTROPHE ÜBERLEBEN. Ganz bestimmt!

Index

Das große Delphin-Buch der Tatsachen und Rekorde

Dieses Buch ist eine neue Art von Sachbuch, das magazinartig, in Zeitungsmanier, mit vielen kleinen Artikeln, Meldungen und aktuellen Photos verschiedenste Wissensgebiete vorstellt (von Astronomie und Naturkunde über Wissenschaft und Technik bis hin zu Kunst und Fußball) und dabei besonderen Wert auf Spitzenleistungen, auf Ungewöhnliches und Bemerkenswertes legt. Diese Darstellungsweise ist eine kurzweilige Art, Themen anzureißen und Interesse dafür zu wecken. Der große Bildband ist ein ideales Geschenkbuch, das übrigens auch Erwachsene interessant finden werden.

Delphin Verlag

Donald Ducks Geheimpapiere
Ein Handbuch für Jungen und Mädchen

Dieses Handbuch informiert 8- bis 12jährige Buben und Mädchen über alles, was sie interessiert und beschäftigt. Neben praktischen Tips enthält es Wissenswertes aus Natur und Technik, unterhaltsame Tests und Rätselspiele, Picknick-Rezepte, Sportberichte und Bastelanweisungen. Donald Duck und seine Neffen Tick, Trick und Track führen die Leser durch das Buch.

Delphin Verlag